"十二五"国家重点出版规划项目
装备综合保障工程理论与技术丛书

装备综合保障工程
综合数据环境建模与控制

杨　军　王毅刚　叶　飞　著

国防工业出版社

·北京·

图书在版编目（CIP）数据

装备综合保障工程综合数据环境建模与控制/杨军,
王毅刚,叶飞著. —北京:国防工业出版社,2015.11
（装备综合保障工程理论与技术丛书/于永利主编）
ISBN 978-7-118-10617-6

Ⅰ. ①装…　Ⅱ. ①杨…②王…③叶…　Ⅲ. ①武
器装备—保障—系统建模 ②武器装备—保障—数字控制
Ⅳ. ①E237

中国版本图书馆 CIP 数据核字(2015)第 288488 号

※

国防工业出版社出版发行
（北京市海淀区紫竹院南路23号　邮政编码100048）
三河市众誉天成印务有限公司印刷
新华书店经售
*
开本 710×1000　1/16　印张 10¾　字数 162 千字
2015 年 11 月第 1 版第 1 次印刷　印数 1—2000 册　定价 38.00 元

(本书如有印装错误,我社负责调换)

国防书店：(010)88540777　　发行邮购：(010)88540776
发行传真：(010)88540755　　发行业务：(010)88540717

《装备综合保障工程理论与技术丛书》
编著委员会

序

21世纪以来,世界范围内科学技术革命的崛起,信息技术飞速发展并在军事领域广泛应用,有力地冲击着军事领域变革,战争形态逐渐由机械化战争向信息化战争演变,同时对装备保障能力产生的基本形态产生了深刻影响。认真落实习主席"能打仗、打胜仗"指示要求,着眼打赢未来基于信息系统体系作战,我军装备将逐渐形成以军事信息系统为支撑、以四代装备为骨干、以三代装备为主体的装备体系格局。信息化作战需要信息化保障,体系化对抗需要体系化保障。我军装备保障面临着从机械化保障向信息化保障、从单一装备保障向装备体系保障、从线性逐级保障向立体精确保障、从符合性考核向贴近实战考核转变等严峻挑战,未来信息化作战进程中的装备保障实践,对系统科学的装备保障基础理论与方法,提出了时不我待的紧迫要求。

伴随着军事技术和作战形态的发展要求,装备保障理论与技术不断创新发展。针对装备保障的系统研究,在国外始于20世纪40年代中后期,特别是20世纪90年代以来,随着"聚焦保障""基于性能的保障"等新的理念提出,以及相关工程实践的不断深化,装备保障工程在装备全寿命过程中的基础性、全局性的战略地位和作用得到了进一步强化。我国从20世纪70年代末开始引进、消化、吸收外军装备保障先进理念,运用系统科学思想研究装备保障问题,并在装备型号论证研制以及装备保障能力建设工作中不断应用,取得了大量的理论与实践研究成果,极大地推动了装备保障工程发展。经过40多年的研究与实践,装备保障工程在我军装备建设和军事斗争准备中的地位和作用不断升华,已经成为装备保障能力建设的基石,正在深刻地影响着装备保障能力和作战能力的形成与发展。装备保障工程既是型号装备建设的基础性工程,也是装备成系统成建制形成作战保障能力建设的通用性工程,还是作战进程中装备保障实施的重要技术支撑。

　　装备保障工程是应用系统科学研究解决装备保障问题的学科和技术，是研究装备全寿命过程中战备完好与任务持续能力形成与不断提高的工程技术。它运用系统科学与系统工程的理论和方法，从系统的整体性及其同外界环境的辩证关系出发，分析研究装备使用、装备保障特性与装备保障系统之间的相互作用机理，装备保障特性、保障系统的形成与演化规律，以及相关的理论与方法，并运用这些机理与规律、理论与方法，通过一系列相关的工程技术与指挥管理活动，实现装备的战备完好性与任务持续性以及保障费用与保障规模要求。装备保障工程技术包括装备保障特性工程、装备保障系统和装备保障特性与保障系统综合等技术。

　　为了积极适应未来信息化作战对装备保障提出的要求，我们组织人员对军械工程学院维修工程研究所十余年来在装备保障工程领域的科研成果进行了系统的总结，形成了装备保障工程系列丛书（共 22 本，其中有 16 本列入"十二五"国家重点出版规划项目），旨在为装备型号论证研制以及部队面向实战装备保障与运用提供理论和技术支撑。

　　整套丛书分为基础部分、面向型号论证研制关键技术部分和面向部队作战训练关键技术部分。

　　基础部分，主要从装备保障的哲学指导、装备保障作用机理以及装备保障模型体系等方面，构建完善的装备保障工程基础理论，打牢装备保障工程技术持续发展的基础，包括《装备保障论》《装备保障工程基础理论与方法》《装备保障工程技术型谱》《装备综合保障工程综合数据环境建模与控制》《装备保障系统基础理论与方法》《装备使用任务模型与建模方法》和《装备作战单元维修保障任务模型与建模方法》。

　　面向型号论证研制关键技术部分，主要从装备保障的视角出发，解决装备论证、研制过程中保障特性与保障系统规划、权衡和试验验证等问题，包括《装备保障体系论证技术》《型号装备保障系统规划技术》《型号装备保障特性与保障系统权衡技术》《型号装备保障特性试验验证技术》和《现役装备保障特性评估技术》。

　　面向部队作战训练关键技术部分，主要面向部队作战训练从维修保障需求确定、维修保障方案制定、维修保障方案评价和维修保障力量动态运用等方面构建完善的技术方法体系，为面向实战的装备保障提供方法手段，包括《装备作战单元维修保障要求确定技术》《装备作战单元维修保障力量编配技术》《装备作战单元维修保障资源预测技术》《装备作战单元维修保障建模与仿真》《装备作战单元维修保障能力评估方法》《装备作战单元维修保障力量运用》《装备作战单元保障方案综合评估方法》《基于保障特性的装备需求量预测方法》《多品种维修器材库存决策优化技术》和《面向任务的维修单元专业设置优化技术》。

着眼装备建设和军事斗争准备迫切需求,同时考虑到相关研究工作的成熟性,本丛书率先推出基础部分和面向部队作战训练关键技术部分的主要书目,今后随着研究工作和工程实践的不断深入,将陆续推出面向型号论证研制关键技术部分。

装备保障工程是一门刚刚兴起的新兴学科,其基础理论、技术方法以及工程实践的开展远没有达到十分成熟的阶段,这也给丛书的编著带来了很大的困难。由于编著人员水平有限,这套丛书不可避免会有很多不妥之处,还望读者不吝赐教。

丛书编委会
2015 年 11 月

前　言

　　随着装备的现代化,装备保障已经成为战斗力的重要组成部分,它与作战性能居于同等重要地位,是制约装备发展和影响装备寿命周期费用的重要因素。信息化是当前武器装备发展的大趋势,也是装备综合保障发展的必然走向,信息是开展装备综合保障工作的物质基础,是实现装备全寿命管理的重要依据。然而,从装备综合保障工作的实施来看,其业务流程、组织和功能都缺乏规范化;从支持信息交互与共享来看,没有一个统一、标准的数据来源;从全寿命过程监管来看,难以对装备综合保障工作的实施进行有效的管理与控制。因此,当前迫切需要为装备全寿命过程综合保障工作的实施提供一个规范化的管理平台,实现对装备综合保障工作的总体把握和协调。

　　针对上述问题,本书重点综述了装备综合保障当前状况和发展趋势,以及数据环境典型应用、相关研究和发展趋势,分析了装备综合保障当前面临的主要问题,提出了装备综合保障数据环境的基本概念,通过需求分析建立了装备综合保障数据环境的系统结构,明确了装备综合保障数据环境的研究框架和基本问题,为规范装备综合保障数据的产生和使用提供了有效的管理与控制方法,为装备综合保障工作的实施提供了集成化、数字化的管理平台。

　　全书共分5章。第1章主要阐述了装备综合保障及数据环境现状及发展趋势,分析了装备综合保障当前面临的主要问题,明确了开展装备综合保障数据环境建模与控制研究的目的及意义;第2章从全寿命过程角度提出了装备综合保障数据环境的基本概念,建立了由工作维、模型维和层次维组成的装备综合保障数据环境研究框架,明确了建模研究、控制研究、综合保障业务工具开发与集成研究、系统设计与实现等基本问题;第3章在明确建模方法的基础上主要构建了装备综合保障数据环境系统组织模型和角色模型、系统功能模型、系统数据模型,并分析了上述模型之间的相互关系;第4章为装备综合保障数据环境控制研究,主要确定了用户访问和业务流程控制机制,利用有色 Petri 网和面向对象技术定义并建立了装备综合保障数据环境的系统控制模型,使用户访问控制、业务流程控制能够与装备综合保障业务流程的运行动态结合;第 5 章利用面向服务技术进行装备综合保障数据环境设计,建立了系统运行的基本构架,并以"联合作战装备综合保障分析与评价"为实例进行应用研究。

　　本书由军械工程学院装备指挥与管理系装备维修工程实验中心杨军、王毅刚、叶飞共同编著,杨军负责全书的统稿和修改。

　　由于编者水平有限,书中缺点和错误在所难免,恳请读者批评指正。

作者

目　　录

第1章 绪 论

1.1 装备综合保障概述

1.1.1 产生背景

"装备综合保障"源于"综合后勤保障"（Integrated Logistics Support, ILS），是美军在 20 世纪 60 年代首先提出来的。

第二次世界大战以后，由于作战需求的牵引和科学技术进步的推动，武器装备发展日新月异，一大批技术先进、结构复杂的军用飞机、坦克和军舰相继研制出来。技术性能和复杂程度的提高不仅导致装备研制费用大幅度上升，而且造成装备的使用和保障费用急剧增长。据统计，20 世纪 70 年代以后美军每年国防预算的三分之一都消耗在装备的使用和维修方面。装备的使用保障费用在全寿命费用中所占的比率高达 60%，有的甚至达到 70% ~ 80%。另外，装备保障在战争中的作用和地位也越来越突出。随着装备技术水平越来越先进，复杂程度和作战使用要求不断提高，其所依赖的保障系统也日益庞大、复杂。而当时的实际情况是，在装备的研制过程中，只考虑主装备本身的战术技术性能，没有全面、综合地考虑装备的保障需求。这些武器装备投入部队使用后，虽然战术技术性能水平比较先进，却难以发挥其应有的作战效能，迟迟不能形成战斗力，主要表现在可靠性低、故障率高、备件需求量大、使用和维修保障困难，以及战备完好率低。

上述事实迫使美军开始转变其装备的发展策略，探索解决在装备研制过程中如何把主装备研制与其保障系统建设同步考虑的问题。于是就提出了"综合后勤保障"的概念，综合后勤保障体现了武器装备发展思想和方法的改变。在这种思想的指导下，要求武器装备的发展必须从全系统全寿命的高度，追求武器装备的总体作战效能，将装备保障要求纳入装备设计，在研制主装备的同时，同步考虑装备使用和维修所需的保障需求,进行保障系统同步设计,在交付主装备的同时,同步交付装备保障所需的资源,建立保障系统,使装备部署后能尽快形成保障能力和战斗力。

1.1.2 当前状况

1.1.2.1 国外研究现状

美军武器装备综合保障发展经历了从事后保障到综合后勤保障的发展演变过程,自20世纪90年代后期开始进入全寿命保障阶段。全寿命保障,亦称寿命周期保障,即在装备的寿命周期内对装备保障问题实施"从摇篮到坟墓"的合同管理方法,它可简单化地理解为:"谁研制,谁生产,谁终身维修,及至退役处理。"美军认为这种方法不仅能够充分保障装备的战备状态,而且是执行经济可承受性发展战略必不可少的途径。这种全寿命管理机制使武器装备的采办和保障实现了一体化。在保障策略上,寿命周期保障首选基于性能的全寿命产品保障(PBL)模式;在保障技术途径上,发展自主式保障;在保障管理上,采用寿命周期持续保障,美军F-35装备研制中就全面贯彻了上述思想。另外,在当前严峻的国防预算形势下,美国国防部正在落实的"更佳购买力指南2.0",以实现国防支出的更高效率和生产力。其中将增加基于性能的保障(PBL)的有效使用作为激励工业界和政府部门提高生产力和增加创新的一项重要举措。

1. 基于性能的保障

20世纪90年代,为适应新军事变革,美军积极推进基于性能的后勤(PBL)保障策略。其目的是适应新的作战环境和作战样式对装备保障的要求,缩减后勤规模,降低使用和保障费用,提高经济可承受性以及装备的战备完好性。目前,基于性能的保障已发展成国防部首选的后勤保障策略。

PBL作为获取和实施武器系统持续保障的新理念,是后勤改革的需要,是新DOD 5000政策的要求,是使政府/购买方和企业/供应方都能获益的最佳方法,它与传统的保障有极大的不同,这可以从下面PBL的主要原则中得到体现:①购买性能结果,而不是以交易为基础的货物和服务;②项目经理(PM)对全寿命周期系统管理(TLCSM)负责;③签订以客观度量标准为基础的基于性能的协议(PBA);④明确产品保障集成方(PSI),将保障集成起来并实现性能/保障目标的"单一联系点";⑤公私合作。它将保障作为一个综合的、可承受的性能包来购买,以便优化系统的战备完好性。它通过具有清晰权力和责任界线的长期性能协议为基础的保障结构来实现武器系统的性能目标。

美国实施PBL以来,取得了显著成效。阿富汗战争期间,有两个项目的后勤保障达到了历史最高水平,它们是美国海军的辅助动力装置(APU)和空军的联合监视目标攻击雷达系统(JSTARS),而这两个项目都采用了PBL保障模式。在伊拉克战争中,实施PBL保障和全寿命周期系统管理的项目超过12个。所有这些作战平台的保障均超过了作战需求,其中有几个项目特别出色。例如,F－117和F/A－18 E/F战机、C－17战术运输机等。

2. 自主式保障

冷战结束后,各国国防预算都不同程度缩减,而武器系统的采办费用日益庞大,经济承受性作为一个不可回避的问题成为各国军方关注的焦点。而据国外统计数据,在装备寿命周期费用中,使用与保障费用占到了总费用60%以上,甚至达到70%～80%,因此降低装备使用与保障费用的需求迫在眉睫。

自主式保障的目标是设计一种主动的而非被动反应式的后勤保障系统,以最大程度地识别问题并自主启动正确的响应。AL借助信息化手段,将保障要素综合起来,形成一种无缝的后勤保障系统,这种系统将使武器系统能够以最低的费用达到规定的能执行任务率。其特点突出表现在以下几方面:①故障通报及时,提高了保障的针对性和保障效率,降低了保障的成本;②故障诊断准确,自动化程度高;③提高了后勤保障的快速反应能力和保障系统的灵活性,更好地满足了全球作战的需要;④技术的通用性好,可以在其他武器的保障系统中推广应用。

1996年开始研制、计划于2010年服役的联合攻击机(JSF)F 35是美国洛克希德·马丁公司研制的新一代战斗攻击机,采用了自主式保障模式。F－35战斗机的自主式保障系统是一种借助先进数字化信息技术的全新的维修与保障系统,它是使原先劳动力密集型的活动(如维修、备件供应和运输管理)实现自动化的一种方案,即当装备还在空中飞行时,机载的预测诊断系统所检测到的装备故障信息便可自动传输给地面的维修站和后勤补给系统,使其准备好相应的零备件、技术资料、维修人员和维修设备等。当装备着陆后便可快速进行维修,保证装备再次出动,缩短装备再次出动准备时间,提高装备的出动强度并大幅度减少维修工作量,节省使用和保障费用,提高装备的战备完好性。据估计,采用这种新的保障系统可使维修人力减少 20% ~ 40%,后勤规模减小 50%,出动架次率提高 25%,使装备的使用与保障费用比过去的机种减少了 50% 以上,使用寿命达 8000 飞行小时。

3. 寿命周期持续保障

寿命周期持续保障(Life Cycle Sustainment)是指为获得全面、经济可承受和有效的系统性能而进行的早期规划、研制、实施和管理。其目标是确保在系统寿命周期中,在与采办、研制、生产、部署、保障和报废有关的所有规划、实施、管理和监督活动中,综合考虑持续保障因素。

持续保障(Sustainment)是指在寿命期内,为维持系统战备完好性和作战使用能力所需的所有保障职能的总称,包括器材管理、分发、技术数据管理、维修、培训、编目、技术状态管理、工程技术支持、维修备件管理、故障报告和分析以及可靠性增长。美军现行武器系统的后勤保障功能由集中的机构提供,为了最大限度地提高作战效能,减少后勤保障费用,要求武器系统后勤保障转移到基于性能的持续保障模式,对所有功能保障机构进行整合,建立新的保障结构——全寿命周期系统管理(TLCSM)和新的保障策略——基于性能的保障(PBL),把持续保障模式与渐近采办策略相结合,形成了武器系统寿命周期持续保障。

鉴于美军现役 F – 15、F – 16 和 F/A – 18 等第三代飞机的持续保障费用占其寿命周期费用超过 70%,美国国防部 80% 的后勤保障资源用于武器系统的持续保障,每年大约要花费 640 多亿美元。为了解决持续保障费用高的问题,必须开展寿命周期持续保障工作,把持续保障作为装备关键的性能参数,提高武器系统的持续保障能力,有效地把保障性设计到装备中。

1.1.2.2 国内研究现状

我国在装备研制方面大体经历了仿制、改型和自行研制三个阶段。在此期间虽然也积累了大量丰富的装备保障与管理经验,但在装备研制工作中较完整地进行综合保障工作还不多见。在 20 世纪 60 年代至 70 年代我国研制的一批改型装备,从复杂程度上看,与老装备并没有明显区别,在装备保障方面虽然没有出现明显不适应的情况,但已开始出现由于缺少某些必要的保障资源而影响装备使用与维修问题。在 20 世纪 80 年代,我国自行研制了一批换代装备,这些装备在性能和结构上都有较大的变化,然而在研制期间由于缺少对可靠性、维修性和保障性方面的考虑,装备部署使用后出现了可靠性低、维修性差,不具备必要的修理技术文件、修理和检测设备及备件保证,导致部队没有条件组织训练,也无法进行使用和维修。20 世纪 80 年代中期,我国先后颁布了可靠性与维修性等一系列军用标准,可靠性与维修性工程相继进入装备研制领域。20 世纪 80 年代末,综合保障工程的概念由国外引进,装备及其配套的保障资源要成套论证、成套研制、成套生产、成套验收和成套装备部队的要求以及装备系统的同步发展建设政策也已在我国正式提出,与综合保障工程有关的国家军用标准如《装备保障性分析》《装备预防性维修大纲的制定要求与方法》等均先后颁布实施,有些标准如修理级别分析、装备综合保障大纲、装备保障性分析记录要求等也在制定之中。

20 世纪 90 年代以后,有关院校开始设立综合保障方面的相关课程,如维修工程、费用分析和运用工程等,还出版了相关专著。同时,也开展了大量的专题研究(如修理间隔期、修理级别及修理模型等)并培养了研究生。可以认为,我国综合保障工程的实施也逐步由经验阶段走向工程实践与理论研究并重的阶段。

1.1.3　发展趋势

随着科学技术的进步,尤其是信息技术的快速发展,装备综合保障领域出现了一些新的变化趋势。

1.1.3.1　"全系统全寿命"依然是装备综合保障发展的重要指导思想

装备全系统全寿命保障的核心是在装备的设计、研制、生产、采购、补给、使用和报废的全过程中,把装备保障因素考虑进去,从而提高装备的战备完好性水平。

随着军事技术的迅猛发展,新型武器装备对保障装备的依赖程度越来越强,复杂程度和自动化程度日益提高。世界各国在研发新装备的过程中,非常重视同步配套研制维修保障装备,以及硬件系统与相关的软件系统协调配套开发。例如,为了对履带式装甲车辆进行配套保障,西方主要国家同步发展了抢救和修理轻型装甲车辆用的轻型履带式装甲抢救车和轮式装甲抢救车;软件程序已经成为影响新型武器装备能否形成战斗力的重点,加强采办和使用保障过程中的软件开发和管理已经成为新装备形成战斗力的必要条件。另外,新装备使用和技术保障离不开相关的操作手册和保障手册,加强新装备配套的使用和技术保障手册的同步编写,已成为外军的普遍做法。

目前外军非常重视装备的全寿命保障,在装备的研制阶段就采取积极措施,提高装备在整个寿命周期内的保障水平,外军的典型做法包括:在研制阶段注重可靠性、维修性、测试性等通用质量特性分析、设计和验证,确保新装备具有良好的维修可达性,以及标准化、通用化、模块化和互换性,研制和使用模块化、嵌入式的通用自动化检测设备,通过配备不同的软硬件模块,自动对不同装备进行故障监控、原位检测、隔离和识别等。

1.1.3.2 技术创新成为装备综合保障发展的重要动力

高新技术,特别是信息技术的发展及其在军事领域的应用越来越广泛,使得武器装备的现代化程度越来越高。外军特别是美军,非常重视在装备保综合障领域采用新的技术,并对装的备研制、使用和保障产生了深远影响。

在装备研制阶段采用寿命周期持续保障、基于性能的保障、自主式保障等新技术。美军武器装备综合保障发展经历了从事后保障到综合后勤保障的发展演变过程,自 20 世纪 90 年代后期开始进入全寿命保障阶段。全寿命保障,亦称寿命周期保障,即在装备的寿命周期内对装备保障问题实施"从摇篮到坟墓"的合同管理方法,它可简单化地理解为:"谁研制,谁生产,谁终身维修,及至退役处理"。美军认为这种方法不仅能够充分保障装备的战备状态,而且是执行经济可承受性发展战略必不可少的途径。这种全寿命管理机制使武器装备的采办和保障实现了一体化。在保障策略上,寿命周期保障首选基于性能的全寿命产品保障(PBL)模式;在保障技术途径上,发展自主式保障;在保障管理上,采用寿命周期持续保障,美军 F-35 战斗机装备研制中就全面贯彻了上述思想。

在装备使用阶段采用自动识别、智能化诊断检测、远程支援等技术。在2003 年的伊拉克战争中,美军广泛使用了自动识别设备,快速获取各类物资相关信息,提高了装备保障过程中的信息感知能力;智能化诊断技术就是将人工智能技术应用于状态监测和故障诊断设备,使其具有一定的分析和判断能力。美国、法国、德国等国家先后研制出人工智能型故障诊断专家系统、故障自动诊断预报系统及其配套装置,并在海湾战争中得到了应用;远程支援技术是随着高技术武器装备的大量使用和计算机网络通信技术的不断发展而产生的一种先进的装备保障手段。美国海军于 2002 年提出了"以网络为中心的维修"思想,并首先在潜艇上付诸实施。

此外,外军还特别注重加强装备综合保障领域的信息系统建设。在美军已经开发成功并投入使用的典型信息系统中,有用于后勤保障指挥的系统,如陆军的后勤指挥主控系统;有用于运输补给的自动化信息系统,如全球战斗保障系统、库存控制点(ICP)自动化信息系统、在运物资可视化系统、战区联合全资可视化系统、陆军全资可视化系统等;有用于维修的自动化信息系统,如"陆军装备司令部标准系统""陆军标准维修系统"(SAMS)等,这些信息系统对于确保美军在全球范围内的兵力投送及其装备保障发挥了积极的作用。

1.1.3.3 高技术保障装备成为装备综合保障发展的重要补充

高技术武器装备势必由高技术保障设备来加以保障,这是事物发展的必然趋势和结果。目前,世界各国都在积极开发各种新型保障设备,以适应高技术武器装备的发展。

保障装备的机动能力和防护能力得到提高。世界各国都在努力提高保障装备的机动能力、防护能力和综合保障能力,研制和发展具备隐身能力的保障装备,改变通用保障装备在几乎完全透明的现代战场环境下易受攻击的状况。例如,俄罗斯军队保障装备已经基本上实现了摩托化与机械化;美军更强调提高保障装备的机动性,采用直升机实施装备物资补给和伤员后送,装备物资运输走向集装化,装备物资装卸走向自动化。此外,为了提高保障装备的生存能力,在改进现有保障装备、研制新保障装备时越来越重视提高保障装备本身的防护能力。

具有信息化、智能化特征的高技术保障装备得到进一步发展。随着以电子计算机为核心的数字编码、数字压缩、数字调制和解调等高技术的迅猛发展,数字化信息技术在军事领域得到广泛应用,使得保障信息的获取、显示、存储、处理以及装备实际的保障工作更为方便、快捷、精确和可靠,并达到实时化的程度。世界主要国家的军队都在不断加大高新技术在保障装备中的应用力度,如利用计算机技术生成数字合成的迷彩图案研制新型作战服,利用信息技术发展远程故障诊断与维修技术,以及开发远程医疗装备和改进装备物资补给方式等,使保障装备的总体性能得到显著提高。

保障装备呈现通用化、标准化、模块化、综合化特点。为提高保障设备的适应性,跟上装备更新的步伐,外军非常重视发展多功能、高效率、综合性强的通用保障装备。通用保障装备的特点是节省研制经费,缩短研制周期,提高维修性和方便使用等效果。美军的高机动多用途轮式车辆就是这一思想的具体体现,它除了担负运输功能之外,还可胜任其他方面的任务。美陆军还在试用一种"整装整卸系统"的新型车辆,可发挥物资储存、保管和运输一体化的功能。

1.1.3.4　实时、精确保障成为装备综合保障发展的重要目标

现代快节奏的信息化战争增加了保障的难度,传统的保障做法已经不能满足战争需要,精确保障成为必然发展趋势。信息化战争中武器打击精确、持续时间短、战场情况瞬息万变、作战信息量急剧增加、装备保障的难度明显增大。装备保障必须适应现代战争的快节奏和高精度,在信息战争中,过去需要几小时乃至更长时间才能完成的保障任务,现在必须压缩到几分钟甚至数秒内,因此对装备保障的精度要求明显提高。在信息化战争中,保障活动必须在恰当的时机把特定的物资器材,送到特定的使用者手中。否则,不但会贻误战机,而且会造成极大的浪费。此外,在信息化战争中,由于战场透明度高,武器杀伤精度高,对保障力量的生存造成了严重的威胁。在这种情况下,继续维持大规模的保障力量和活动,必然成为敌人的重要打击目标,造成保障人员和物资的重大损失。

1.2　数据环境概述

从国内外研究现状来看,数据环境已广泛应用于国防、制造、科研等各个领域,从最初的由纸质资料形成数字化信息以便于查询和使用,逐步发展为对数据创建、使用的有效管理和控制,保证数据的完整性、一致性和安全性,以更好地支持产品设计开发和业务工作的执行。

1.2.1 典型应用

1.2.1.1 国外典型应用

随着信息技术的成熟与迅猛发展,各国都意识到信息技术在未来经济发展、军队建设方面的重要作用,开始信息基础设施的建设,研制和开发了大量的信息系统。如何将这些孤立的信息系统在数据和功能等方面进行集成,实现资源重用,是许多国家面临的一个重要问题,而数据环境(Data Environment,也称综合数据环境)为解决这一问题提供了有效的技术和方法。对于数据环境的研究,美国起步较早,而且应用的深度和广度都处于领先地位,为我们进行装备综合保障数据环境的研究提供了有益的参考和借鉴。

美国在装备综合保障数据环境方面的研究起源于计算机辅助后勤保障(Computer Aided Logistic Support,CALS),并逐步向产品数据管理(Product Data Management,PDM)和产品生命周期管理(Product Life Management,PLM)方向发展。CALS 的实质是从用户的角度出发,以信息技术为核心,通过一系列先进制造技术的综合应用,建立一个开放的、集成化的数据环境;PDM 技术最早出现于 20 世纪 80 年代初期,PDM 可以理解为以软件技术为基础,以产品为核心,实现对产品相关数据、过程、资源一体化集成管理的技术;PLM 是覆盖了从产品诞生到消亡这一全过程的、开放的、互操作的一整套应用方案,把人、过程和信息有效地集成在一起,作用于产品从概念生成到最终报废的整个生命周期(即寿命周期),支持与产品相关的协作研发、管理、分发和使用产品定义信息。在技术上 PLM 与 PDM 是密不可分,一方面 PLM 来自于 PDM,是企业信息化系统向柔性化集成化智能化发展的必然;另一方面 PLM 自身的特征强调对企业产品全生命周期内数据的管理,强调能够实现在多功能、多部门、多学科、多协作供应商之间的紧密协同,实现整个企业的信息化以及对企业智力财富的充分再利用等。在 PLM 理念提出后,出现了很多面向 PLM 的 PDM 产品,如 EDS 公司的 Teamcenter,它是一个内容全面、完全基于标准的、纯 Web 体系结构的 PLM 解决方案,体现了协同应用、行业解决方案以及具有产品全生命周期优化工具等诸多优点。下面主要介绍以 CALS 为代表的以及基于 PDM、PLM 的数据环境典型应用。

1. CALS

CALS 主要经历了四个发展阶段:

(1) 1985 年提出了计算机辅助后勤保障(Computer Aided Logistic Support, CALS)的概念,其内涵是在军队武器装备的后勤保障中推行计算机技术,把以纸张为载体储存和分发技术文件的人工密集型工作方式转变成高度自动化与集成化的数字化数据管理方式。

(2) 1987 年提出了计算机辅助采办与后勤保障(Computer Aided Acquisition and Logistic Support, CALS)的概念,即在原来的名称中加入"Acquisition"一词,将武器装备的采办与后勤结合,这是 CALS 内涵的第一次扩展。

(3) 1993 年提出了持续采办与寿命周期保障(Continuous Acquisition and Life – cycle Support, CALS)的概念,CALS 的成功应用使美军方从承包商那里持续采办的武器装备在整个寿命周期内都能得到保障,于是 CALS 又被赋予这一全新的释义。

(4) 1994 年提出了光速商务(Commerce at Light Speed, CALS)的概念,Internet 及其相关软硬件产品的发展和普及丰富了 CALS 的内涵,突出了电子商务的特色。

作为 CALS 的早期概念,计算机辅助后勤保障是数据环境的典型代表,并最早提出将研制阶段数据无缝地用于装备使用阶段、将装备全寿命数据进行集成。其主要任务有三项:

(1) 以电子格式签订采办合同,使国防部能接收、分发电子格式的各种数据。

(2) 使承包商生成技术信息的过程自动化,以获得更准确、更及时和更低成本的技术资料。

(3) 把可靠性、维修性设计工具集成到武器装备的设计系统中,以便更可靠地支持武器装备研制,减少研制开发和使用的费用,提高武器装备的质量和性能。

CALS 的体系结构主要分为 4 层(图 1 – 1):第 1 层为信息基础层,它是整个 CALS 体系的基础,包括各种计算机软、硬件,如操作系统、数据库、网络设备等,以及一些数据格式标准、软件标准,如标准通用标记语言(SGML)、计算机图形元文件(CGM)等;第 2 层为信息交换层,主要是信息的建模与交换,其内容包括产品数据交换以及经营信息的交换,采用的标准主要有初始图形交换规范(IG-ES)、产品模型数据交换标准(STEP)和电子数据(EDI)等;第 3 层为管理层,主要是协调和管理的作用,包括政策、法规和有关标准,如主承包商技术信息集成服务(CITIS)是其典型的组成部分;第 4 层是应用层,包括用户(国防部及其下属单位)与承包商(主承包商、子承包商、供应商以及销售等)的有关功能活动,如采办、设计、制造、维修、售后服务等。

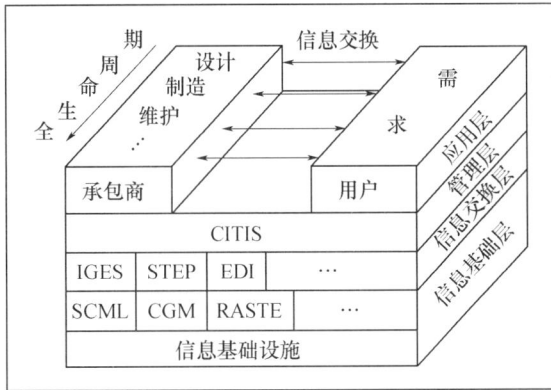

图 1 - 1　CALS 体系结构

根据 CALS 的体系结构,CALS 的关键技术可以归结为四个主要方面:①信息基础设施/支撑环境技术,主要包括计算机网络技术、信息安全技术和集成产品数据库技术;②标准化技术,包括 CALS 管理结构、信息结构和计算机系统结构所使用的标准;③组织管理技术,包括组建动态联盟方法和过程重构技术;④先进制造技术,包括计算机辅助技术、并行工程、PDM、PLM 及制造资源规划(MRPⅡ)等。

从 CALS 的体系结构和关键技术来看,其实质是通过建立一个开放的、集成化的数据环境,使用户的需求贯穿在产品生命周期的各个阶段,使用户能更多地参与、控制、管理高技术产品的研制、开发、生产和维护,达到快捷获取和提供目标产品,做到产品全寿命周期保障的目的。

美陆、海、空三军和战略导弹部队在武器装备的研制、开发中积极实施CALS,为美军武器装备的更新换代、后勤采办与保障工作做出了重要贡献。据统计,美军共在 80 个重大防务采办项目中引入了 CALS,其中包括 B - 2 轰炸机、

F－22 战斗机、Comanch 和 Balckhawk 直升机、M1A2 主战坦克、SSN－21 攻击型核潜艇、"爱国者"导弹项目等,通过实施 CALS 取得了很好的效益。此外,以 CALS 的基础设施和理念为基础,开展各种应用已经成为发展的主题,如企业集成、电子商务、虚拟企业等,CALS 的理念在这些应用中不断被继承和发展,并以新的形式体现。目前,CALS 已成为全球信息化建设的一个重要组成部分,它多年发展所建立起来的标准体系、方法、技术以及应用方案,将为数据环境的深入及扩展研究提供重要的指导。

2. LPD 17 的数据环境研究

21 世纪初,美海军、Intergraph 和 Raytheon 等公司为强大的 LPD 17 两栖攻击舰建立了数据环境,主要集中于设计、制造和全寿命数据,能够获取、维护、跟踪和管理全寿命产品数据和相关文档。

LPD 17 数据环境的功能模块包括文档管理、产品数据管理、工作流管理、配置管理,舰体适用性、校正产品有效性与现有主要系统的集成,以及基于角色规则和权限的数据访问。数据环境还可以将系统、子系统和部件的 3D 产品模型数据与源文档、相关管理信息连接,为实际的 LPD 17 提供真实模型。随着 LPD 17 设计的开展,数据环境成为全寿命保障的基础,并允许在制造之前进行测试和虚拟检查。LPD 17 数据环境提供文档、图纸、生产信息、项目计划和财政报告;便于实现工作流管理和发布可用性;满足现有系统数据需求以及获取所有项目和产品的历史信息。数据链接允许用户按照产品的系统和子系统关系,来建立特殊功能的数据视图,并跟踪设计变更历史。不同于一般的信息复制,LPD 17 综合数据环境可以对不同配置和视图中的数据进行多路访问和引用,消除了以前信息系统中普遍存在的数据冗余问题。

2003 年 7 月,美国海军对 LPD 17 进行了首航,其 80% 的设计是按照平底船完成的,避免了重复工作所花费的数百万美元。据估计,通过减少重复工作、加强协同和创新,在整个寿命周期内美海军将节省 40 多亿美元。应用于 LPD 17 的数据环境相关方法和过程也易于被其他制造项目采用,并同样可以实现节省经费和提高效率。

3. 基于 PDM 和 PLM 的数据环境应用

EDS 的 Teamcenter 是构建基于 PDM 和 PLM 的数据环境的重要工具,Teamcenter 已经在全球数百家企业实施了 20 万套以上用户许可证,绝大部分都取得了成功,被业界称为经过验证的、成熟的 PLM 系统。Teamcenter 涵盖了产品的整个生命周期,其效用体现于:在早期阶段,为企业优化产品提供需求定义、概念设计以及设计验证过程;在中期阶段,充分利用现有的智力资源,进行产品的创新研发,如变型、引伸和改良等;在后期阶段,衍生和定义出新的用途和使用方法,并提供数字化的服务与维修,尽量减少维修成本。

由于 Teamcenter 解决方案采用了 J2EE、Microsoft. NET 框架、UDDI、XML、SOAP、JSP 以及纯 Web 体系等先进技术,因此 Teamcenter 支持在产品生命周期中不同阶段之间相互交换和管理 BOM(物料清单)表,这样就将产品的整个生命周期统一起来。这种不同阶段之间的产品信息的无缝交换使得企业能够消除地理、部门和技术的障碍。针对产品生命周期的不同阶段(图 1 - 2),Teamcenter 提供了不同的功能模块,主要包括 Teamcenter 企业协同、Teamcenter 工程协同、Teamcenter 制造协同、Teamcenter 项目协同、Teamcenter 需求协同、Teamcenter 可视化协同、Teamcenter 社区协同和 Teamcenter 集成器。

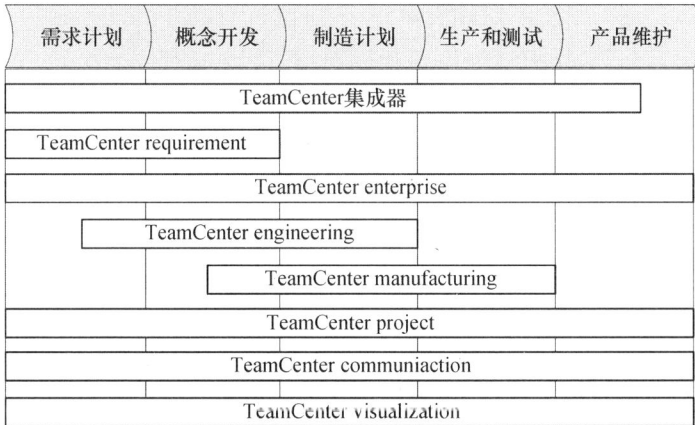

图 1 - 2　面向 PLM 的 Teamcenter 应用框架

波音商用飞机公司在其定义和控制飞机配置/制造资源管理(Define and Control Airplane Configuration/Manufacturing Resource Management,DCAC/MRM)改造计划中,为了降低成本和缩短生产周期,通过使用 Teamcenter 来改善内部处理飞机配置数据的流程以及飞机配置数据驱动的制造过程,实施结果为:过去的 800 多套子系统中的 400 个已经被 PDM 取代;14 种 BOM 系统统一到单一的 BOM 系统;30 种变更流程统一到一致的变更流程;数据存取的准确性由原来的

60%~70%,到现在的99.7%以上。波音在完成 DCAC/MRM 项目之后,又在更大的范围内推广 DCAC/MRM 项目的经验和模式,截止到2001年底,Teamcenter 在波音的装机套数已经超过10万套。

ABB 是全球领先的发电成套设备提供商之一,利用 Teamcenter 支撑从设计、订单处理、制造及运行维护整个寿命周期,并把产品状态定义为四种状态:设计状态(As Designed),订单状态(As Ordered),制造状态(As Built),维护状态(As Maintained)系统。处于生命周期中不同状态的产品,具有不同的产品结构,因此,在不同阶段人们可以根据自己的需要看到产品结构不同的侧面,并根据业务需求分别配置基础 PDM 系统(保存产品全部信息)、订单 PDM 系统(为业务部门服务)、装配 PDM 系统(为生产提供信息)、服务 PDM 系统(为客户提供服务)。目前,ABB 正在向其全球的分支机构和合作伙伴推广 PDM 项目。

以美国为代表的国外综合数据环境研究主要具有以下特点:一是以产品为核心,以信息集成和资源重用为手段,以提高产品质量、降低开发成本、缩短研制周期为目标;二是工作阶段划分明确,每个阶段都有具体的任务和实现目标,如 CALS 的发展过程;三是积极采用各种成熟、先进的技术和工具,如 PLM、Teamcenter 等,并将研究成果结合重要产品(或典型装备)和工程项目推广应用。

1.2.1.2 国内研究状况

国内对数据环境的研究正在从理论走向实际应用。当前,许多部门和单位,已经意识到数据环境是进行信息集成和共享的基础,是解决"信息孤岛"和信息化瓶颈问题的重要技术方法,在理论上对综合数据环境的构建和实施进行了分析和探讨,并研制和开发了一些基于 PDM、PLM 的信息集成平台和系统,形成了局部的、面向具体应用的数据环境,为数据环境的全面、深入研究奠定了基础。

我国早期引入 PDM、PLM 技术和产品进行的开发和应用,主要面向家电和生产复杂产品企业,如春兰空调厂、海尔集团、长虹电视机厂、康佳电视机厂等都引进了美国 EDS 公司的 IMAN 产品数据管理系统;生产复杂产品的飞机、汽车、机电等制造企业,如上海飞机制造厂、沈阳飞机设计所、常熟开关厂、上海汽车齿轮厂等也采用 EDS 公司的 IMAN 系统,哈尔滨电机厂、西安飞机设计所等采用 SDRC 公司(现为 EDS PLM Solutions)的 Metaphase。目前,面向 PLM 的综合数据环境应用还发展到了航天、航空、国防等领域,其中北京航空航天大学正在进行装备研制阶段综合保障分析与评价研究,即将研制阶段的保障性分析、设计和评价等工具进行集成;沈阳 601 所在飞机保障方案制定与生成过程中,有效集成了保障性分析、保障资源确定等工具;军械工程学院采用 EDS 公司的 Teamcenter 开发了维修性评估平台。

1. 哈尔滨电机厂的 PDM 信息集成系统

哈尔滨电机厂主要承担国内外大型水电和火电机组设计和制造任务,针对设计和管理模式方面出现的问题,如图纸及文档存储分散且版本控制容易混乱,不易查询和管理;产品结构缺乏成套性,相似产品结构重新配置重复工作多;产品的设计过程管理没有实现电子化,图纸的流动过程无法跟踪和监控;各软件之间没有实现功能集成,不同部门之间产品数据无法共享等,采用 Metaphase 软件,建立基于 PDM 的信息集成平台(图 1 - 3),与 CAD 以及 CAPP 系统达到了系统底层集成,实现了 CAD/CAPP 与 PDM 之间数据的双向流动以及用户操作环境的实时切换,并与管理信息系统通过接口和中间数据库实现数据集成。

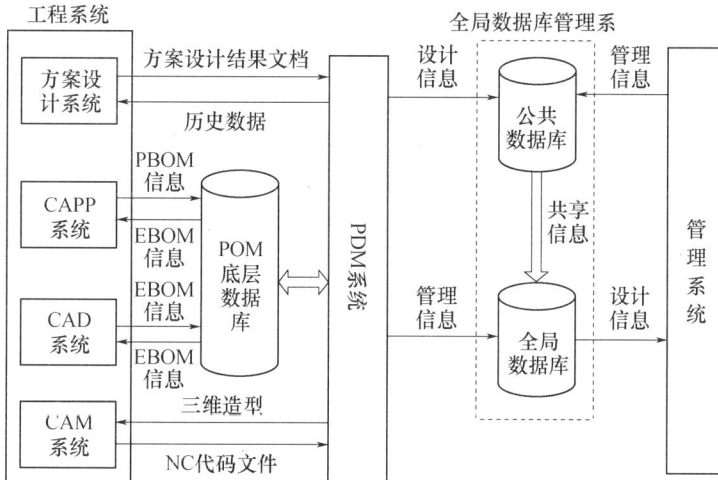

图 1 - 3 哈尔滨电机厂 PDM 信息集成平台

2. 常熟开关厂的产品数据管理

常熟开关厂 1999 年开始利用 EDS 公司的 Teamcenter Engineering 建立自己的产品数据管理系统(图 1 - 4),以解决数据文件分散、管理混乱,纸面文件与数据文件并存、更改查询等问题。通过文件夹的分类来达到对各种不同文档的分类管理,既保证了产品数据的集中管理和安全性,同时提供多用户并行访问和防止无权人员的修改;可以建立串行或并行的工作流程,如设计审批、产品更改、设计任务发放等,实现并行协调工作。项目负责人可以随时查看整个项目的执行状态,直到该工作全部完成;提高产品结构与配置管理,使用户便于浏览和维护产品结构,如装配、子装配和零部件等。常熟开关厂的 PDM 系统,使设计人员有能力对产品与零件之间的相互联系进行精确管理,使管理人员能通过多种途径快速方便地获取所需产品信息。通过规范的无纸化流程管理体系,使技术文件的评审过程自动有序工作和流转,大大提高了设计能力,缩短了产品上市时间,改善了产品与服务质量,提高了产品数据的准确性、一致性、安全性、保密性。

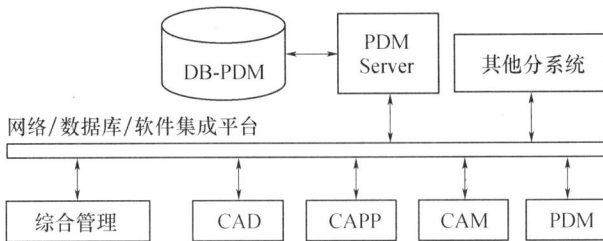

图 1-4 常熟开关厂的产品数据管理系统

3. 维修性评估平台

维修性评估平台(图 1-5)是"十五"期间军械工程学院承担的重点技术基础项目。基于 PDM 的维修性评估集成环境通过 PDM 建立一个全寿命的产品协同工作平台,并在该平台上集成相关的维修性论证、设计、分析、验证、评价工具。与现有的维修性相关系统相比,基于 PDM 的维修性评估集成环境具有以下特点:

(1)维修性信息高度集成化.通过在 PDM 环境下逻辑上集中的电子产品数据库中建立统一的集成信息模型,使得团队成员之间实现真正的权限控制范围内的信息共享。

(2)维修性工程活动过程电子化。在设计无纸化的基础上,实现电子化的工作流程,确保维修性文档的设计、校对、签审工作能够基于网络进行。

(3)项目管理协同化。建立基于 Internet 技术的项目管理与沟通机制,为项目成员提供基于项目角色的信息访问视图,实现和项目各组成部门之间的信息沟通,以及对多项目进度的监控和动态调配项目资源。

（4）维修性工具集成化。所有的维修性工具均能以合适的方式进行集成，使工具之间能有效的共享和交互信息，各个工具所产生的数据能被其他系统、应用程序和用户方便地使用。

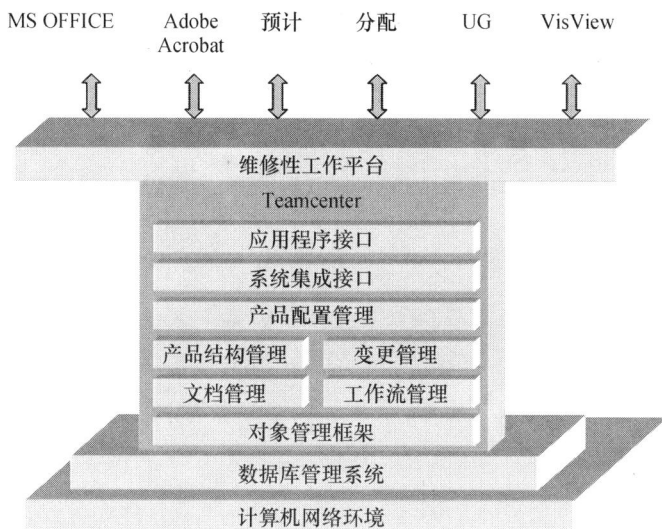

图 1-5　维修性评估平台

上述典型应用大部分都是依托专业的 PDM、PLM 软件工具，而有些企业则根据产品特点，开始自行研制相关的产品数据管理系统。上海三菱电梯公司从 1997 年开始与上海交通大学合作，以 Oracle 数据库为后台，Developer2000 为开发工具，自行开发适用于本企业的 PDM 系统（图 1-6），主要包括 BOM 管理、CAD 图库管理、CAE 电梯专用计算管理、产品配方管理、CAPP、任务流程管理、图档管理、系统管理等模块组成的 PDM 系统，根据实际需要集成和封装了各类设计工具，有效管理了设计开发过程中的各类文件和数据，为设计、工艺、管理人员提供一个高效的开放的集成的信息化工作平台，实现了企业内部上层信息向底层的延伸、企业外部信息与内部信息的集成，逐步形成制造全过程的网络化和信息化。

根据上述分析，目前国内数据环境研究的主要特点：一是以 PDM、信息建模、数据库、分布式网络等技术为核心和支撑，主要针对产品设计、制造；二是实现了对产品数据的管理，如文档管理、流程管理等，并由传统的 PDM 向 PLM 过渡和发展；三是实现了与 CAX、CAPP 和 ERP 等外部应用系统的集成，使数据环

图 1-6　上海三菱电梯产品数据管理系统

境的功能和应用范围进一步扩展。

1.2.2　相关研究

1.2.2.1　系统体系结构研究

国外在系统体系结构方面的研究起步较早,已经取得了丰富的研究成果,比较著名的有 CIMOSA、ARIS、SOA 等,这些体系结构从不同的角度和观点提出了各自对于复杂系统的见解。

1. 计算机集成制造开放体系结构(CIM-OSA)

CIM-OSA(Computer Integrated Manufacturing-Openness System Architecture)是由欧共体的 21 家公司和大学组成的 ESPRIT-AMICE 组织经过六年多的努力而开发出的一个 CIM 开放体系结构(图 1-7)。其目的是提供一个面向 CIM 系统生命周期的、开放式的 CIM 参考体系结构,从多个层次和多个角度反映了 CIM 企业的建模、设计、实施、运行和维护等各个阶段,提供了 CIM 系统描述、实施方法和支持工具,并形成了一整套形式化体系。

作为一个面向 CIM 系统生命周期的、开放式的 CIM 参考体系结构,CIM - OSA 具有全面性、完整性、开放性、标准化和形式化的优点,因而被广泛应用于各类系统体系建模研究中,文献[12]借鉴 CIM - OSA 构建了装备维修保障系统模型框架;文献[13]利用 CIM - OSA 并结合领域工程的分析方法,建立了企业资源管理系统功能构建的标准体系;文献[14]以 CIM - OSA 作为参考体系结构,进行了 ASP(应用服务提供商)模式应用服务系统建模研究;文献[15]按照 CIM - OSA 思想将基于 Web 的企业模型知识库系统划分为通用、部分通用和专用三个层次,并引入模糊神经网络解决模型分类问题。

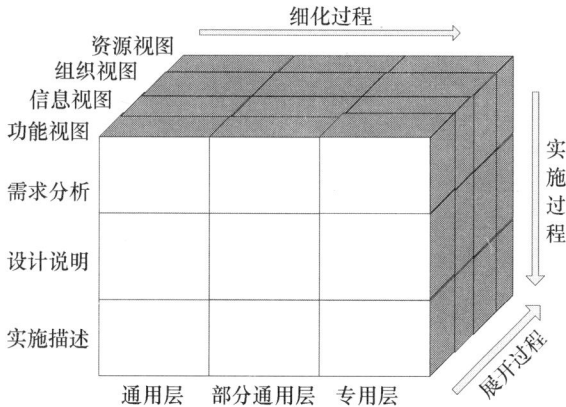

图 1 - 7　CIM - OSA 框架

2. 动态企业建模(BAAN/DEM)

企业或业务部门要快速进行业务过程重构,快速对企业内外的变化进行反应,就必须具备对业务功能变化的协调管理能力。由此,动态企业建模(Dynamic Enterprise Modeling,DEM)技术成为一种针对变化的代理,确保企业的应用系统紧密匹配企业经常改进的业务流程和业务模型。

DEM 系统结构包含三个主要层次(图 1 - 8):核心层、过程管理层和组织管理层。DEM 提供工作平台、系统件 Orgware、Internet 接口和技术工具来完成处理系统和用户、组织、供应链、环境等四方面的事务和接口。基于 DEM 系统结构,荷兰的 BAAN 公司还推出了一套完整集成的企业业务管理软件 BAAN Ⅳ。当前,为了解决企业不同的变化需求,通过与其他技术结合,DEM 被进一步扩展。文献[16]提出了基于分布式对象的动态企业建模策略和实现方案,实现了

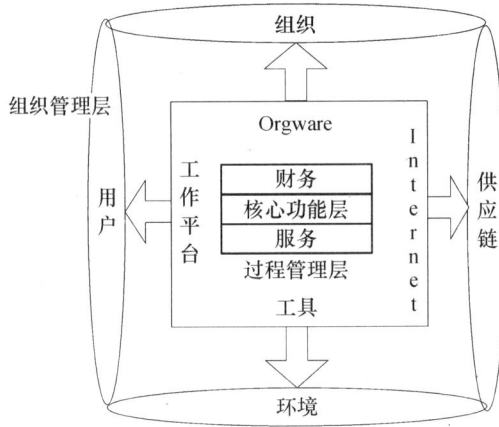

图 1-8　BAAN 扩展的集成化系统件

企业业务的组件化及即插即用;文献[17]针对企业 ERP(企业资源计划)的开发,提出了基于"事件参与模型"的动态企业建模方法;文献[18]针对定制生产模式企业的变化需求,结合 ARIS 技术构建了企业动态过程模型,并成为企业 BPR(业务过程重构)应用系统的核心;文献[19]利用 Agent(代理)技术的自治性、智能性等特点,提出了基于 MAS(多 Agent 系统)的动态企业建模方法。

3. 集成信息体系结构(ARIS)

ARIS(Architecture of Integrated Information System)是德国 Saarland 大学的 Scheer 教授所提出的一种面向过程的模型结构,是一个集成化的信息系统模型框架(图 1-9),以面向对象方法描述了企业的组织视图、数据视图、过程视图和资源视图,并通过控制视图来描述组织、数据、过程、资源四个视图的关系。面向企业信息系统的整个生命周期,定义了需求定义、设计说明和实施描述三个阶段的内容。

ARIS 结构是从过程链模型抽取、发展而来的,控制视图是 ARIS 区别于其他结构的重要特征,用来记录和维护组织视图、数据视图和功能视图之间的关系。由于是面向过程建模,使得 ARIS 与工作流建模研究密切相关,文献[20]为解决业务流程不断变化的问题,在分析业务过程模型与信息系统关系的基础上,进行了基于 ARIS 的动态过程建模研究;文献[21]针对业务过程监控问题,利用 ARIS 及相关工具进行工作流建模,以对过程、功能和资源进行管理;文献[22]针对物流管理活动过程性和协调性强的问题,借鉴 ARIS 体系特有的控制视图

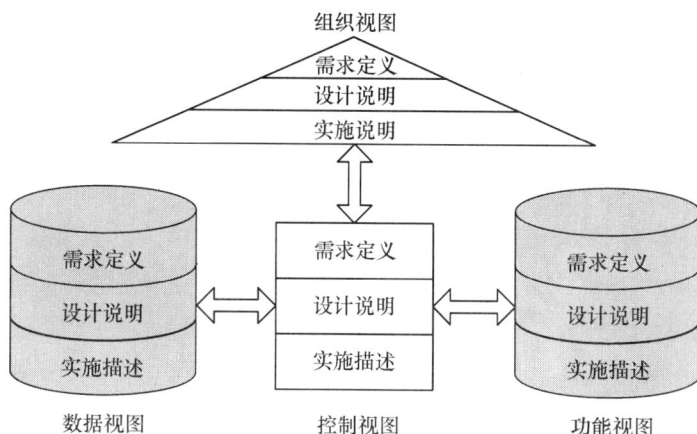

图 1-9　ARIS 方法体系

集成与协调作用,结合 IDEF 建模方法,为构建企业物流管理系统提供了一种新的建模方法;文献[23]进行了基于 ARIS 的供应链管理建模方法研究,并使用 ARIS 建模工具 SAP/R3 进行了应用实施。此外,ARIS 还与网络技术结合,用于语义 Web Service 开发的转换方法研究。

4. 面向服务的体系结构(SOA)

　　SOA(Service Oriented Architecture)早在 1996 年由 Gartner 提出,由于当时技术水平和市场环境尚不具备实施 SOA 的条件,因此 SOA 并未引起关注。随着 Web 服务的兴起,互联网迅速出现了大量基于不同平台和语言开发的 Web 应用组建,为了能够对这些组建进行有效管理,人们迫切需要找到一种新的面向服务的分布式 Web 框架,使不同组织开发的 Web 服务能够相互交互。由此,人们开始重新转向 SOA 并赋予其新的活力。目前,虽然对 SOA 存在不同的理解,但它的一些关键特性是众所共识的:一种粗粒度、松耦合的服务框架;服务之间通过简单、精确定义的接口进行通信,不涉及底层编程接口和通信模型。也就是说,SOA 并不是一种具体的技术,而是一种架构(图 1-10)和组织 IT 基础结构及业务功能的方法。因此,通过 SOA 提供的方法可以构建分布式系统、并将系统应用程序功能作为服务提供给终端用户应用程序或其他服务。

　　由于 SOA 并不是一种纯粹的新技术,只是结合 WebService 等技术,将现有的应用和资源转变为可共享的标准服务,用户只需根据自己的策略来定制业务流程,把应用作为服务"拿来就用"。因此,SOA 的相关研究主要面向应用,如系

21

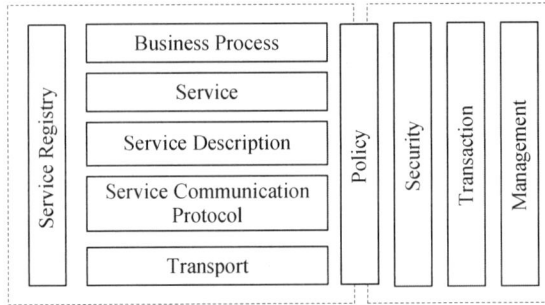

图 1-10　SOA 体系结构

统集成、资源整合与重用、支持业务过程重组等。随着 SOA 被广泛接受,其设计思想已应用到医疗、电信、金融、电力等各个行业,如 Siemens PLM Software 已经发布了基于 SOA 的新一代 PLM 产品 TeamCenter2007,实现了 PLM 系统的完全面向服务化。

　　上述 4 种体系结构中,从视图及相互关系来看,CIM - OSA、ARIS 和 BANN/DEM 都采用了多视图的描述方法,CIM - OSA 中的各个视图之间的关系都比较松散,缺乏有机的集成,ARIS 通过控制视图,将数据、组织、功能、输出这 4 个相互独立的视图有机的结合起来,这也是 ARIS 的优势之一;BANN/DEM 通过业务规则视图定义了业务功能和业务过程的关系,并且用业务视图来描述功能如何控制企业的业务流程。从集成化、便于操作以及实际应用来看,ARIS 要比 CIM - OSA、BANN/DEM 更适合;而 SOA 从应用实现角度提供了一种可行的系统集成体系框架。综合来看,ARIS 和 SOA 应比较适于装备综合保障数据环境的研究。

1.2.2.2　建模与控制方法研究

　　构建系统体系框架离不开建模方法的支持,而系统的运行还需要有效的控制。根据对系统体系框架的分析,这里主要对当前一些常用的建模与控制方法进行分析和比较。

1. IDEF 方法

　　IDEF 方法是由美国 KBSI 公司提出的系列建模、分析、仿真方法,主要包括 3 种类型:IDEFO、IDEFIX、IDEF3。IDEFO 方法是一种对复杂系统进行设计和分析的工具,其基本思想是结构化分析方法,主要用于功能建模;IDEFIX 方法主要用于信息建模,是在关系理论和 E－R 方法的基础上发展起来的信息建模方法,主要描述系统内部对象间的组织结构和相互关系,具有改善图形表达能力,语义比较丰富,开发过程比较容易的特点;IDEF3 是通过场景描述和对象来获取对过程的描述,用于过程建模。

IDFE0 虽然较好地提供了活动分解模型,但不能表达过程时序、以及各活动之间时序约束关系,而且 IDEF0 与 IDEF1x 都不能很好地描述系统的动态特性,这也使得 IDEF 的控制功能较弱,针对这一问题,出现了 IDEF 分别与 UML、Petri 网结合的建模方法研究;文献[24]对 IDEF0 方法进行了扩展研究,提出了扩展的 IDEF0(EIDEF0),以解决其功能模型不容易转换为软件设计的问题。

2. 事件驱动的过程链

事件驱动过程链(Event－driven Process Chain,EPC)是 ARIS 中进行控制视图建模的重要方法,主要元素包括功能(业务活动)和事件,当功能被事件触发后,能够产生相应的事件。业务过程就是由交替出现的功能和事件彼此连接而构成。通过条件的判断,EPC 可以对模型的运行过程进行控制,而业务流程的分支选择、汇合连接以及并发进行通过逻辑操作符(与、或以及异或)来完成。在 EPC 中引入组织单元、信息对象等,就构成了 eEPC(扩展 EPC),以反映过程中组织、功能、数据的动态关系(图 1－11)。

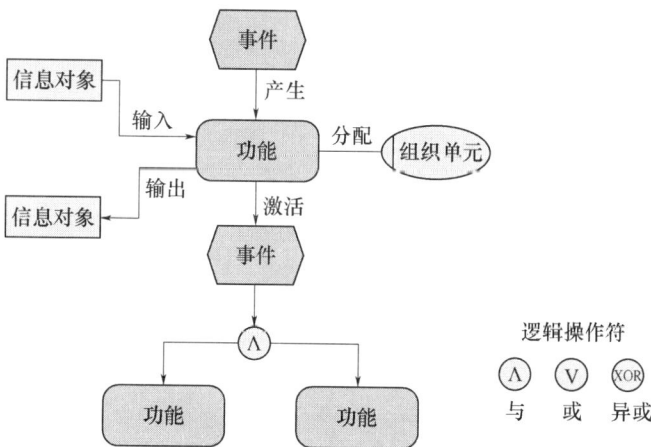

图 1－11　eEPC 元模型

由于有较好的建模能力及控制特性,EPC 主要用于业务过程重组、企业资源规划⌐和工作流管理系统。为了使 eEPC 中的信息对象易于描述,相关研究人员进行了面向对象方法与 EPC 结合的研究,使其成为一种集成化的建模方法;对于 EPC 语义规则不够精确的问题,文献[25]进行扩展研究,给出了更严密的形式化描述。

3. 统一建模语言

统一建模语言(UML,Unified Modeling Language)是一种通用的、面向对象的可视化建模语言,用于对软件进行描述、可视化处理、构造和建立软件系统制品(如模型、源代码、测试用例等)。UML 既可以通过类图、对象图、用例图建立系统的静态模型,描述系统中对象的属性、操作及这些对象的关系;又可以通过顺序图、协作图、活动图建立系统的动态模型,定义对象的时间特性和对象为完成目标而相互进行通信的机制。

根据面向对象的特点,UML 主要进行软件系统建模,如软件设计的类图、用例图、顺序图和协作图等;利用 UML 活动图,还可以进行业务流程建模;对于缺乏形式化语义的问题,文献[26]进行了 UML 与 Petri 网相结合的建模方法研究。

4. Petri 网

Petri 网是一种适用于多种系统的图形化、数学化建模工具,为描述和研究具有并行、异步、分布式和随机性等特征的复杂系统提供了强有力的手段。作为一种图形化工具,可以把 Petri 网看作与数据流图和网络相似的辅助方法;作为一种数学化工具,它可以用来建立状态方程、代数方程和其他描述系统行为的数学模型。此外,Petri 网还可以利用库所(place)状态和变迁(transition)规则对模型的运行进行控制。

基本 Petri 网在对复杂系统进行描述时也存在局限性,如模型过于庞大、无法体现数据流、缺乏模块化和重用性等。由于面向对象技术的出现,其模块化、重用性以及继承性的特点,使 Petri 网的局限性得到了很大程度的改善。文献[27]提出了运用对象 Petri 网(OPN)和基于 OPN 的文本语言 LOOPN + +作为工作流过程定义的表达方式和存储形式;同时,一些被扩展的 Petri 网模型被提出,如高级对象 Petri 网(HOPN)模型、多层次 PERT - Petri 网模型、层次面向对象 Petri 网(HOOPN)模型、扩展面向对象 Petri 网(GOOPN)模型,这些模型采用层次建模的方法,引入公共库所及对象的模块化表示,使得模型具有较好的模块性、重用性和可维护性,能够反映复杂业务过程的动态柔性特点。

通过上述分析,可以归纳出四种建模方法的特点和不足(表 1 - 1),在实际运用时应相互借鉴、相互补充。装备综合保障数据环境是一个集过程、功能、信息、资源于一体的复杂系统,仅用一种建模方法无法对系统进行全面的描述,因此研究中必须综合使用上述建模方法。

表 1 - 1 4 种建模方法比较

建模方法	特点	缺点
IDEF	综合性建模方法,可用于过程、功能和信息建模	模型之间的关联不紧密,不能反映系统的动态特性
eEPC	主要用于过程建模及控制,集成了组织单元、信息对象	语义描述不够精确
UML	综合性建模方法,可视化、面向对象,可以进行系统静态建模、动态建模与控制,主要用于软件系统设计与实现	缺乏语义描述
Petri 网	较好地反映系统动态特性,图形化并有严格的语义描述,主要用于过程建模及控制	模型较复杂、无法体现数据流

1.2.3　存在问题及发展趋势

数据环境已广泛应用于各个领域并发挥了重要作用,然而从数据环境的研究与实际应用来看,还存在以下问题:

1. 基于 PDM 和 PLM 的数据环境应用主要面向单一型号产品

从数据环境的应用来看,已经具有了一批相对成熟的支撑技术和产品,如PDM、PLM、数据库技术、Teamcenter、Windchill 等,然而基于 PDM 和 PLM 的数据环境始终是以单一型号的产品结构树为核心,进行数据、文档的组织和管理,然而这种机制并不适于对多型号产品或装备组成的系统(或体系)进行研究,无法支持成系统、成建制产品或装备使用、维护、保障等工作的实施,这也是当前数据环境应用的主要瓶颈。

2. 基于 PDM 和 PLM 的数据环境不能支持装备使用阶段综合保障问题的研究

基于 PDM 和 PLM 的数据环境的应用研究多集中于产品的研制阶段,无论是国外的还是国内的,多数都是侧重于产品的设计、制造,即使应用于使用阶段也是面向单一产品的。而装备使用阶段综合保障主要是面向成系统、成建制装备,以装备基本作战单元或装备作战单元为对象,进行保障要求确定、保障方案生成与评价等问题研究。因此,面向单一型号产品结构树的机制,使得基于 PDM 和 PLM 的数据环境无法支持装备使用阶段综合保障工作的开展。

3. 数据环境的开发与使用存在问题

从数据环境的实现来看,多数是利用专业的 PDM、PLM 软件开发工具,虽然这些工具具有良好的通用性、集成性,但其自身的复杂性(如安装、操作等),以及能否与实际应用紧密结合、能否与其他软件系统紧密集成,都会成为数据环境开发与使用的潜在问题。

虽然当前数据环境的研究与应用中还存在上述一些问题,但从总体来看,其正在与相关理论、技术和方法相结合,向逐步完善、成熟的方向发展,主要表现在以下几个方面:

(1)从应用研究到系统研究。单纯的应用研究已无法适应数据环境的进一步发展,需要结合相关理论、技术,进行从基本概念、体系框架到基本问题的完整化、系统化研究,特别是能够支持成系统、成建制产品或装备使用、维护和保障问题的研究。

(2)从面向产品研制到面向产品的全寿命过程。按照系统工程的观点,综合考虑产品的研制与使用,使两者紧密结合、相互协调。不仅面向单一型号产品(装备)的研制和使用,而且能够支持多型号产品(装备)系统的全寿命管理,这既是数据环境的本质和核心,也是其逐步完善的标志。

(3)从面向对象设计到面向服务设计。随着网络技术的发展,Web Service 和 XML 使基于服务的设计理念得以实现。面向服务的设计通过服务提供者、服务请求者和服务描述,使数据环境具有模块化、松散耦合、重用、互操作性等特征,成为数据环境设计与实现的新方式,如 Siemens PLM Software 发布的 Team-Center2007,就是一款基于 SOA 构架的 PLM 产品。此外,基于专业 PDM、PLM 软件工具的开发正在与自行研制相结合。

针对上述问题以及发展趋势,本书通过开展装备综合保障数据环境建模与控制研究,以实现对成系统、成建制装备使用阶段综合保障问题研究的支持。

1.3 研究目的及意义

装备综合保障工作贯穿装备论证、研制、生产、使用等各个阶段,由不同的业务活动、按照相应的业务流程构成,业务活动的实施涉及不同的组织机构、人员、信息以及各种软硬件设备、设施、工具等资源。为了实现既定的保障工作目标,提高保障决策能力,必须对业务活动、人员或机构、信息及相关资源进行有效控制和管理,使"正确的信息在正确的时刻以正确的方式传到正确的地方"。然而,当前装备综合保障工作还远未达到上述要求,主要存在以下问题:

(1) 从装备综合保障工作的实施来看,其业务流程、组织和功能都缺乏规范化。目前,虽然已经制定和颁布了装备综合保障的相关标准,但由于工作本身的复杂性、特殊性以及标准适用性等问题,导致难以对装备综合保障工作的实施进行规范,如业务流程应包含哪些活动或功能以及相互关系,业务活动由哪些机构或人员来实施、需要哪些信息和资源等。上述问题的不确定,都会对装备综合保障信息化建设(如装备综合保障数据建模、相关信息系统开发等)产生不利影响。

(2) 从支持信息交互与共享来看,没有一个统一、标准的数据来源。信息是装备综合保障工作实施的基础,由于缺乏对装备综合保障数据的生命周期进行研究和规范,即不明确数据在哪个阶段、由哪项工作产生,以及在哪些阶段、被哪些工作使用,使得各保障业务系统或工具之间无法进行信息交互和共享。例如,装备研制阶段所产生的可靠性、维修性和保障性数据,无法被装备使用阶段的系统和工具所利用;而装备使用阶段产生的数据也不能支持装备的设计与改进。因此,建立统一、标准的数据源并规范数据的产生和使用是实现信息交互与共享的关键。

(3) 从全寿命过程监管来看,难以对装备综合保障工作的实施进行有效的管理与控制。由于业务系统相对独立、信息无法共享,导致不能形成装备全寿命过程的闭环控制和管理,从而失去对装备综合保障工作的总体协调和把握,也无法对业务变化和重组做出及时、正确的响应。

针对上述问题,本书开展了装备综合保障数据环境建模与控制研究,其主要目的如下:

(1)为装备综合保障工作提供统一的数据源。在对业务流程、组织和功能进行规范的基础上,通过装备综合保障数据建模来构建一个统一的数据源,确保数据的标准化和一致性,以支持装备全寿命过程综合保障工作的实施,以及不同阶段装备综合保障工作的信息交互和共享,并为装备综合保障数据库的设计提供支持。

(2)为规范装备综合保障数据的产生和使用提供支持。综合保障数据的规范化不仅是指数据格式的统一,更重要的是数据产生和使用的规范,即数据的来源(由谁产生)和去向(被谁使用)。通过研究,为规范数据的产生和使用提供相应的管理和控制方法,使数据能够在正确的时间和地点被正确地操作和使用,同时也是实现信息交互和共享的重要基础。

(3)为装备综合保障工作的实施提供管理平台。在进行数据建模以及控制机制研究的基础上,通过综合保障数据环境的设计与实现,为装备全寿命过程综合保障工作的实施提供集成化、数字化的管理平台,实现对装备综合保障工作的总体把握和协调。

(4)为装备综合保障信息化建设提供支持。装备综合保障数据环境建模与控制研究是装备综合保障信息化建设的一项基础性工作,不仅提供具有标准化、一致性的装备综合保障数据模型以及规范数据产生和使用的控制机制与方法,还为装备综合保障工作的实施提供数字化环境,成为装备综合保障信息化建设的重要基础,同时对于提高装备使用和保障部门的决策能力具有重要作用和意义。

1.4 本书主要内容及基本思路

1.4.1 主要内容

装备综合保障数据环境是一个面向装备全寿命业务工作及数据的集成化系统,对其开展研究应以现有的集成系统或平台为基础,了解和掌握数据环境实现的关键技术和方法。通过对装备综合保障和数据环境的国内外研究现状进行分析,针对存在的主要问题及发展趋势,确定本书的主要内容:

1. 装备综合保障数据环境系统分析

主要分析装备综合保障与数据环境的关系,给出装备综合保障数据环境的基本概念;明确问题领域,即以装备使用过程综合保障数据环境为研究对象,进行综合保障工作分析以及功能、用户和信息需求分析,并确定其系统结构,建立装备使用过程综合保障数据环境的研究框架,以明确基本问题及本书研究重点。

2. 装备综合保障数据环境建模研究

对装备使用过程综合保障数据环境的静态结构进行研究,明确其基本组成要素,即人员、功能和数据。利用相应的建模方法,建立装备使用过程综合保障数据环境的系统组织模型、功能模型和数据模型;分析三种模型的相互关系,为进行系统控制研究以及设计、实现提供依据。

3. 装备综合保障数据环境控制研究

对装备使用过程综合保障数据环境的动态特征进行研究,即如何通过系统控制来规范数据的使用和操作。在明确控制对象的基础上,重点分析用户访问和业务流程的控制机制与方法;利用 Petri 网和面向对象技术,将用户访问控制与业务流程控制有机结合,以建立统一、动态的系统控制模型;最后,结合实例对模型进行应用和验证。

4. 装备综合保障数据环境设计与应用实现

分析当前软件系统实现存在的问题,利用服务的特点和优势,进行面向服务的装备使用过程综合保障数据环境设计,主要包括服务描述、控制引擎、系统结构及数据库;构建系统实现和运行框架,开发通用化、基于 B/S 的装备使用过程 ILSDE 系统,并结合实例进行应用和验证。

1.4.2　基本思路

针对上述研究内容,给出本书研究的基本思路(图 1 - 12):

对于第一部分内容,首先阐述装备综合保障与数据环境的关系,并给出装备综合保障数据环境的基本概念和构成;明确问题领域,即以装备使用过程综合保障数据环境为研究对象,通过进行需求分析以及构建其系统结构,确定其研究框架以及所要研究的基本问题:①装备综合保障数据环境建模研究;②装备综合保障数据环境控制研究;③装备综合保障业务工具开发与集成研究(不作为本书内容);④装备综合保障数据环境设计与应用实现。

对于第二部分内容,首先建立系统组织模型,明确人员角色及相互关系,在此基础上建立系统功能模型,明确系统功能组成及关系,在上述模型的基础上建

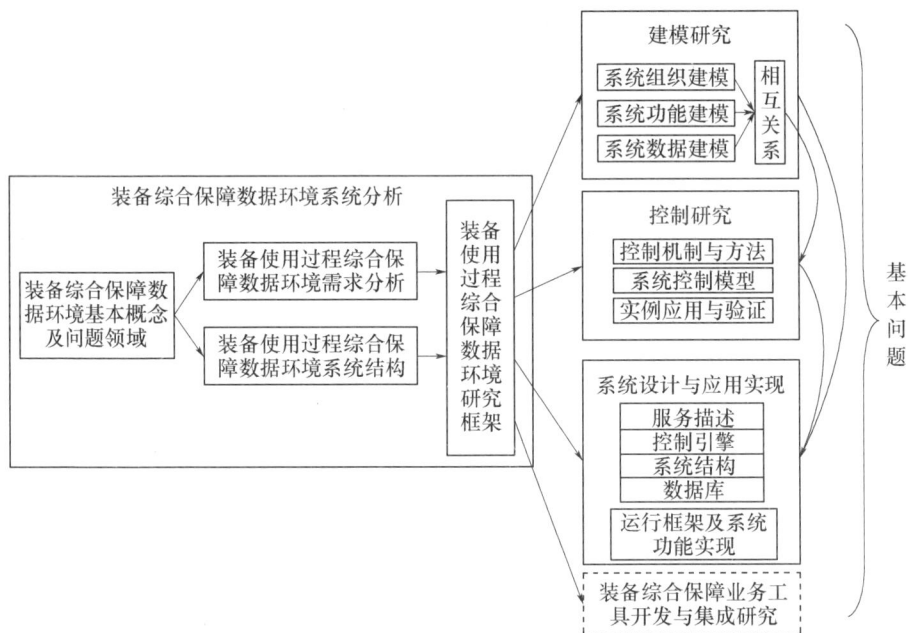

图 1 - 12　本书研究的基本思路

立系统数据模型;最后,分析模型之间的关系,并引出装备综合保障数据环境的动态研究。

对于第三部分内容,首先根据已有的静态模型(系统组织模型、功能模型、数据模型),分析用户访问和业务流程的控制机制与方法,在此基础上建立系统控制模型,最后,结合实例进行模型应用及验证。

对于第四部分内容,首先分析当前软件系统实现存在的问题,结合服务的特点和优势,进行服务描述以及控制引擎、系统结构和系统数据库的设计;最后,给出系统运行框架及主要系统功能的实现。

1.5　本章小结

对装备综合保障和数据环境的国内外研究现状、发展趋势进行了综述,特别是针对装备综合保障当前存在的问题,阐述了本书的研究目的及意义。最后,确定了本书的主要内容和基本思路。

参 考 文 献

［1］GJB 3872—99 装备综合保障通用要求.

［2］Gail Brown. Implementing an Integrated Product Data Environment—A Strategic Plan ［EB/OL］. https://
　　acc. dau. mil/GetAttachment. aspx? id = 33692&pname = file&aid = 6840&lang = en - US.

［3］Jon Wilkes. The Integrated Data Environment：A New Tool for Interoperability and Effective Data Integration
　　for Command and Control ［EB/OL］. http://www. dtic. mil/cgi - bin/GetTRDoc? AD =
　　ADA428554&Location = U2&doc = GetTRD - oc. pdf, 2003.

［4］田雨华, 刘煜, 蔡颖. CALS 与相关技术的关系［J］. 制造业自动化, 2000, 22(4)：1 - 6.

［5］徐宗昌, 曹军海, 王淑玲. CAL S 与综合数字数据环境［J］. 中国机械工程, 1998, 9(12)：38 - 40.

［6］Intergraph ®Design and Data Management Tchnologies and World Trade Center Steel Used in USS New York,
　　Newest U. S. Navy LPD Ship ［EB/OL］. http://www. intergraph. com/assets/pressreleases/2008/03_19_
　　2008. aspx, 2008.

［7］Howard Fireman, Marianne Nutting, Tom Rivers, Gary Carlile, CAPT Kendall King USN (Ret). LPD 17 on
　　the Shipbuilding Frontier：Integrated Product & Process Development［C］. Association of Scientists and Engi-
　　neers 35th Annual Technical Symposium, 1998, 4.

［8］Starkj. Product Lifecycle Management - 21st Century Paradigm for Product Realization ［M］. London, UK,
　　Springer, 2006.

［9］UGS Inc. Teamcenter ［EB/OL］. http://www. ugs. com. cn, 2005.

［10］UGS Inc. PLM 与企业信息化 ［EB/OL］. http://www. plmsolutions - eds. com/global/cn, 2003.

［11］王艳邱, 李宝江. 用 PDM 系统开拓企业信息化之路［J］. CAD/CAM 与制造业信息化, 2003, 8：
　　103 - 105.

［12］张柳, 于永利, 康锐. 企业建模技术在装备维修保障系统模型框架中的应用［J］. 中国机械工程,
　　2005, 16(15)：1363 - 1365.

［13］何霆, 战德臣, 徐晓飞. 等. 新一代 ERP 系统功能构件标准化问题研究［J］. 计算机集成制造系统 -
　　CIMS, 2004, 10(S1)：177 - 182.

［14］吴少琴, 孙延明, 郑时雄. 等. CIM - OSA 在 ASP 模式应用服务系统建模中的应用研究［J］. 现代制造
　　工程, 2003, (6)：14 - 16.

［15］沈晖, 陈禹六. 模糊神经网络分类器在企业建模知识管理中的应用［J］. 系统工程理论与实践, 2003,
　　(11)：1 - 7, 118.

［16］高琛颢, 范玉顺. 基于 MAS 的动态企业建模方法［J］. 计算机应用, 2004, 24(9)：139 - 141.

［17］冷晟, 魏孝斌. 基于 DEM 的定制生产模式企业过程重构技术［J］. 机械科学与技术, 2003, 22(6)：
　　1033 - 1036.

[18] 姜宏,寇纪淞,李敏强. ERP 中应用事件参与模型的动态企业建模构想[J]. 天津大学学报(自然科学与工程技术版),2001,34(1):115 – 118.

[19] 沈具东,范玉顺,林慧苹. 基于分布式对象计算技术实现动态企业建模[J]. 清华大学学报(自然科学版),2000,40(8):85 – 89.

[20] Darija Ivandic Vidovic. Dynamic Business Process Modeling Using ARIS[C]. 25Th Int. Conf. Information Technology Interfaces ITI 2003, Cavtat, Croatia, 2003, 06.

[21] Michael zur Muehlen, Michael Rosemann. Workflow – based Process Monitoring and Controlling Technical and Organizational Issues[C]. Proceeding of the 33rd Hawaii International Conference on System Sciences, 2000.

[22] 朴惠淑,靳志宏,杨华龙. 基于 IDEF_(9000) 的企业物流管理系统建模方法[J]. 系统仿真学报, 2006,18(11):3038 – 3041,3045.

[23] Hao Zhang, Qidi Wu, A. W. Scheer. The Modeling, Optimization, Planning and Execution of Supply Chian Management in Enterprises Integrated Based on ARIS and SAP/R3[C]. Proceeding of the 3rd World Congress Intelligent Control and Automation. Hefei, P. R. China, 2000, 06.

[24] 仝雄文,涂奉生. 扩展的 IDEF0(EIDEF0)方法[J]. 计算机工程与应用, 2005,(23):95 – 97,124.

[25] 戴毅茹,严隽薇. e²EPCs 语法规则的形式化[J]. 计算机工程,2002,(6):20 – 22.

[26] 齐胜利,武昌,赵晓明,等. UML – OPN 的建模方法及其在通信装备维修保障系统中的应用[J]. 系统工程理论与实践, 2006(10): 50 – 56.

[27] 曹化工,杨曼红. 基于对象 Petri 网的工作流过程定义[J]. 计算机辅助设计与图形学学报, 2001,13(1):13 – 18.

[28] 于永利,郝建平,刘安清. 装备维修性评估技术研究及集成环境开发技术总结报告[R]. 石家庄:军械工程学院, 2005,12.

[29] 马绍民. 综合保障工程[M]. 北京:国防工业出版社,1995.

第2章 装备综合保障数据环境系统分析

本章在分析装备综合保障和数据环境相互关系的基础上,提出了装备综合保障数据环境(Integrated Logistic Support Data Environment, ILSDE)的基本概念,并明确了问题领域,即以装备使用过程综合保障数据环境为研究对象,通过进行需求分析以及构建其系统结构,建立装备使用过程 ILSDE 研究框架,以明确其基本问题。

2.1 概 述

2.1.1 数据环境概念及特点

从国内外研究现状来看,数据环境已广泛应用于国防、制造、科研等各个领域,从最初的由纸质资料形成数字化信息以便于查询和使用,逐步发展为对数据创建、使用的有效管理和控制,保证数据的完整性、一致性和安全性,以更好地支持产品设计开发和业务工作的执行。然而,目前对数据环境仍然没有一个明确、统一的定义。结合数据环境的典型应用(如 CALS、PDM、PLM 等)以及对相关研究的总结概括,对数据环境定义如下:

数据环境是以数据为中心的集成化系统,通过工具及接口提供对产品和业务数据的单一访问,利用项目及业务流程管理等系统功能对数据的创建、使用进行有效管理和控制,以满足不同用户、在产品寿命周期不同阶段的数据需求,实现全寿命过程的服务[2]。从上述定义可以看出,数据环境具有以下基本特点:

(1)以产品和业务数据为中心,提供单一的数据源。这里的数据既包含产品数据,又包含业务数据,这些数据是产品设计、开发以及业务工作执行的重要信息来源,通过建立逻辑上单一的数据库,将产生、分布于不同部门、不同应用系统的数据用一定的方式组织起来进行统一管理,为产品和业务数据的访问与操作提供唯一的数据源。单一数据源将是进行数据管理、保证数据完整性和一致性的重要保证。

（2）面向产品全寿命过程，满足不同用户需求。同产品一样，数据也具有生命周期，即经历从产生到修改、完善、发布等一系列变化过程，并贯穿于产品的全寿命过程。从产品需求、设计、生产、测试、使用、维修到报废，每个阶段都会产生和使用不同的数据，而且每一项业务工作也会产生和使用不同的数据，不同阶段、不同业务工作的数据往往存在交互与共享。因此，从应用范围来看，数据环境面向产品全寿命过程；从目标来看，数据环境应满足不同阶段、不同业务工作用户的数据需求。

（3）通过系统功能实现数据的管理与控制。无论产品数据、还是业务数据，其产生和使用都是伴随设计过程或业务流程有序进行的。为了对数据进行有效管理和控制，数据环境提供了一些基本功能，如通过业务流程管理定义和控制数据操作的基本过程，管理用户对数据进行操作时，用户之间以及业务活动之间的数据流向；通过权限管理规定用户存取数据的范围以及可以实施的操作等。

（4）数据环境是一个集成化系统。在数据的动态形成过程中，无论是产品的设计开发还是业务工作的执行，都会有许多相对独立的或异构的、分布式的计算机应用系统（软件工具）。为了实现数据的传递与交换，数据环境提供了将这些系统集成到一个总体框架的机制，并利用统一的用户界面对数据及业务流程、对数据存取进行透明化的管理和控制。

上述特点表明，数据环境是围绕产品数据和业务数据的产生、使用及相关操作而形成的集成化系统，通过系统功能辅助用户更合理、有效地使用和操作数据。

2.1.2 装备综合保障

随着现代战争强度的不断加大，装备的损坏数量也急剧增加，单纯依赖后方不断补充新装备投入战斗显然是不现实的，能否使损坏的武器装备及时而有效地得到修复以保证任务完成，在很大程度上取决于是否对装备具有强有力的保障，即要求所设计的装备便于保障，同时要求在装备使用中又能及时得到保障。针对这一问题，美军从20世纪60年代开始着手在装备研制阶段综合考虑装备保障问题，并提出了"综合后勤保障"（Integrated Logistic Support，ILS）概念，经过不断的修改和完善,21 世纪初美军在国防部指令文件《防务采办管理政策和程序》中给出了综合后勤保障的完整定义,即综合后勤保障是进行下述工作所必需的、有秩序的、统一的并反复进行的管理和技术活动,这些活动包括:在系统和设备的设计中综合考虑保障要求;制定与战备完好性目标、设计以及两者之间相互一致的保障要求;采办所需的保障;在使用阶段以最低费用及时提供所需的保障。

我国从 20 世纪 80 年代开始引入美军综合后勤保障概念,在研究美军综合后勤保障概念和内涵的基础上,紧密结合我军装备保障的具体情况,在 1992 年颁布的 GJB 1371《装备保障性分析》中首次明确了"装备综合保障"(虽然名称区别于"综合后勤保障",但两者含义基本相同)的概念,并在 1999 年颁布的 GJB 3872《装备综合保障通用要求》中给出了装备综合保障的完整定义,即装备综合保障是指在装备的寿命周期内,为满足系统战备完好性要求,降低寿命周期费用,综合考虑装备的保障问题,确定保障性要求,进行保障性设计,规划并研制保障资源,及时提供装备所需保障资源的一系列管理和技术活动。

从上述定义可以看出,综合保障面向装备全寿命过程,即贯穿装备论证、方案、工程研制、定型、生产与部署、使用与保障等各个阶段;综合保障的对象应是装备全系统,除了单一型号装备外,还涉及成系统、成建制装备,如装备基本作战单元、装备作战单元、装备体系等,因此综合保障的对象应是多层次的;综合保障既是一项技术活动,又是一项管理活动,而综合保障工作是技术与管理的有机结合,即综合保障的实施是通过一系列具体工作实现的。由此,可以从装备寿命周期、保障对象和综合保障工作三个方面(图 2 - 1),对装备综合保障进行描述。

1. 装备寿命周期维

主要反映装备综合保障的时域,即装备全寿命过程的不同阶段,主要包括论证阶段、方案阶段、工程研制阶段、生产阶段、使用阶段和退役处理阶段。

(1) 论证阶段。本阶段任务是明确寿命剖面和任务剖面,在初步确定总体技术方案的基础上,提出装备初步的保障性定量、定性要求。本阶段的保障性定量要求主要是系统保障性指标和使用与保证方面的约束。

(2) 方案阶段。本阶段任务是协调和权衡装备系统保障性要求和相应的保障措施,优化保障方案。其中,保障性定量要求包括系统保障性使用指标、装备可靠性维修性等设计指标、保障系统特性和重要保障资源指标要求以及试验验

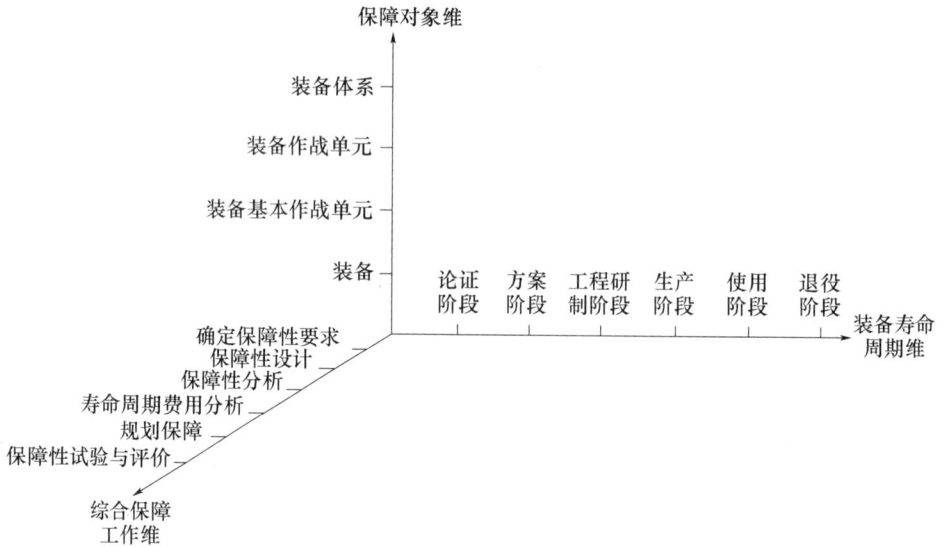

图 2-1　装备综合保障概念模型

证方案和准则。

（3）工程研制阶段。本阶段任务是完善并实施保障性总计划,按计划开展保障性设计、分析和试验等工作;进行保障性试验与评价,验证保障性设计特性是否满足合同规定的要求,验证保障资源与指标匹配性及保障资源之间的协调性,对系统战备完好性进行初步评估。

（4）生产阶段。本阶段任务是生产阶段应当保持装备系统在批量生产中的保障性水平,包括保障性的验收和检查,全面实施产品质量保证大纲,重点跟踪和控制装备系统保障性的关键件、重要件和关键工序,并促使装备系统保障性水平持续增长。最后,部署装备系统,提供装备所需的保障。

（5）使用阶段。本阶段任务是组织收集装备现场使用与保障及储存期间的保障性信息,开展现场使用评估和后续评估,提出保障性改进建议并进行必要的改进和完善;继续做好技术资料完善、维修器材供应、人员培训等技术服务工作,并逐步向部队建制保障转移,完善装备保障系统。

（6）退役处理阶段。本阶段任务是在准备申请装备退役时,应及时制定和实施退役期间的保障计划,保证退役阶段的有关工作经济、有序地运行;分析装备现场使用维修数据,对装备系统保障性做出最终总体评价。

2. 保障对象维

主要描述综合保障的实施对象,由简单到复杂、由单一到成系统、成建制,依次为装备、装备基本作战单元、装备作战单元、装备体系。

(1)装备:用以实施和保障作战行动的武器、弹药、车辆、机械、器材、装具等,属于单一保障对象。

(2)装备基本作战单元:属于成系统、成建制的保障对象,是指基本作战单元中的武器系统及其相应的保障系统,基本作战单元是能够独立执行作战或训练任务的最小军事单位[93]。

(3)装备作战单元:属于成系统、成建制的保障对象,是指作战单元中的武器系统及其相应的保障系统,作战单元是部队建制中可以执行作战和训练任务的军事单位。

(4)装备体系:由装备基本作战单元或装备作战单元组成的成系统、成建制保障对象,属于系统的系统。

3. 综合保障工作维

主要反映装备全寿命过程中围绕满足其战备完好性和任务持续性要求所开展的一系列综合保障工作。

(1)确定保障性要求:主要确定保障性定量和定性要求,定量要求包括装备系统的系统战备完好性要求、装备保障性设计特性要求、保障系统及资源要求;定性要求包括针对装备系统、装备保障性设计、保障系统及其资源方面的非量化要求,如装备保障性设计方面的可靠性、维修、运输性的定型要求等。

(2)保障性设计:包括装备的保障性设计和保障系统的规划。装备的保障性设计主要是指可靠性、维修性、测试性、安全性、运输性等的设计,以及其他有关保障的考虑也应纳入装备设计。

(3)寿命周期费用分析:进行寿命周期费用估算。在研制阶段早期应将寿命周期费用作为权衡系统战备完好性、设计方案和保障方案的基本依据,以尽早明确影响费用的关键因素并加强控制。

(4)保障性分析:综合保障的核心工作,主要是确定保障性要求、影响装备设计和为规划保障提供信息,使装备的保障性设计与规划保障综合协调进行,最终满足系统战备完好性要求。

(5)规划保障:包括规划使用与维修保障,主要是确定装备的使用保障方案和维修方案,并最终制定使用保障计划和维修保障计划;规划保障资源,即确定平时和战时使用与维修装备所需的人力人员、备件和消耗品、保障设备、训练与训练保障要求、技术资料、保障设施等;研制和提供保障资源,即同步研制使用与维修装备的保障资源。

(6) 保障性试验与评价:主要包括保障性设计特性的试验与评价、保障资源的试验与评价、系统战备完好性评估。保障性设计特性方面,包括可靠性、维修性试验与评价、以及与保障有关的其他设计特性的试验与评价;保障资源方面,评价保障资源与装备的匹配性、保障资源之间的协调性和保障资源的充足程度;系统战备完好性评估主要是评价保障系统的保障能力。

装备寿命周期维、保障对象维、综合保障工作维分别从时域、对象、工作内容对综合保障进行了描述。从时域看,每个阶段都有不同的保障对象和综合保障工作;从对象看,每个对象在不同阶段都有相应的综合保障工作,特别是成系统、成建制装备的保障工作,成为当前军事斗争准备关注的重点;从工作内容看,每项工作都有不同的保障对象,并融入不同的阶段。上述三个方面更全面地反映了装备综合保障的基本特征。

2.1.3 装备综合保障与数据环境的关系

为了将装备综合保障与数据环境有机结合,首先要明确二者之间的相互关系。从各自的概念及特点来看,它们之间具有以下关系(图 2-2):

(1) 数据是装备综合保障与数据环境相互关联的核心。装备综合保障工作

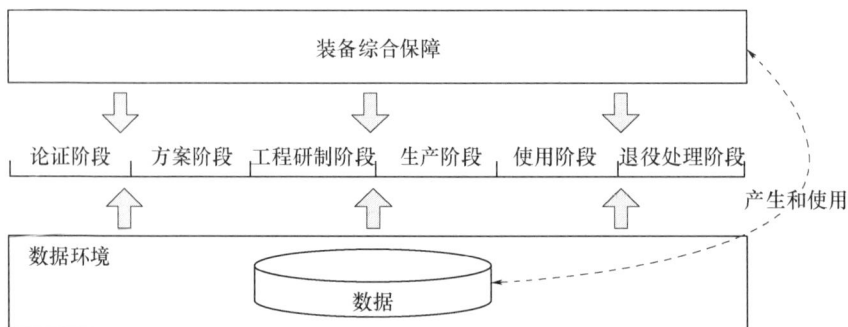

图 2-2 装备综合保障与数据环境关系

的实施需要信息的支持,一方面通过获取和使用数据来完成相应的业务工作,另一方面业务工作完成后还要产生新的数据,这些数据又被其他业务工作所使用。为了便于数据的使用和产生是有序进行的。而作为一个系统,数据环境提供相应的管理和控制功能,即明确哪些数据将被使用、如何提供?哪些数据将被产生、如何保存等。由此可见,围绕数据的产生、使用以及相关操作,装备综合保障与数据环境形成一个有机整体。

(2)对于数据环境,装备综合保障是运行于其中的一种具体应用;而对于装备综合保障,数据环境则是一个通用系统或平台。装备综合保障由一系列工作或活动组成,这些工作体现了综合保障的特点和规律,具有一定的特殊性;数据环境是一个管理和控制数据的通用系统,围绕数据操作的系统功能必须支持综合保障工作执行过程中对数据的有序存取。因此,装备综合保障与数据环境之间是一种特殊性与通用性的关系。

(3)从装备综合保障的时域和数据环境的应用范围看,两者都是面向装备的全寿命过程。全寿命过程是装备综合保障的重要特征,也是系统工程思想的重要体现;从概念上看,数据环境也是面向产品寿命周期各个阶段的。这一共同特征,使得装备综合保障与数据环境有机结合起来,而面向全寿命过程也是进行装备综合保障数据环境研究的主线。

综上所述,装备综合保障与数据环境之间是以数据为关联基础、面向装备全寿命过程而形成的一个有机整体(图 2 - 3),即装备综合保障数据环境(ILS-DE),它既是综合保障在数据环境中的具体应用,也是对数据环境本身的扩展和补充,是特殊性与通用性的统一。ILSDE 对装备综合保障的支持表现为两种方式:一种是按照综合保障工作的实施过程,对数据的使用、产生、存储进行有序管理和控制,这也是本书研究的重点;另一种方式是利用工具及接口直接集成现有软件系统,以满足其数据需求。由此可以认为:装备综合保障数据环境是一个以综合保障数据为核心、面向装备全寿命过程的集成化系统,利用系统功能对数据的创建、使用、存取进行管理和控制,通过工具及接口集成现有软件系统,并提供对数据的单一访问,以满足不同用户、不同阶段的数据需求。

通过分析装备综合保障与数据环境之间的关系,进一步明确了装备综合保障数据环境研究的可行性。从数据环境国内外研究动态来看,由于主要面向单一型号产品,基于 PDM、PLM 的数据环境产品并不能很好地支持使用过程成系

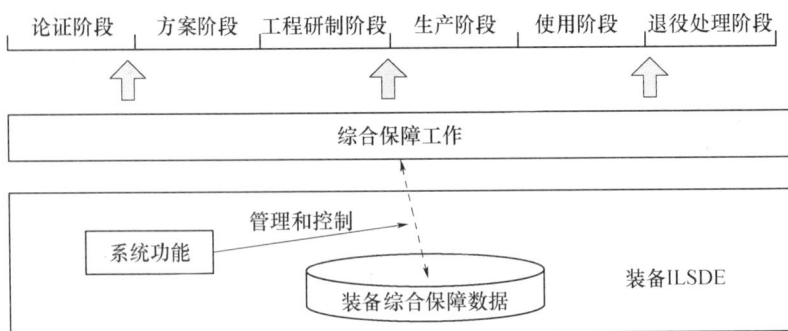

图 2 – 3　面向全寿命过程的装备 ILSDE

统、成建制装备综合保障工作的实施,因此,本书主要以使用过程装备综合保障工作为对象、以"联合作战装备综合保障分析与评价"为实例进行需求分析,在此基础上建立使用过程装备 ILSDE 的系统结构以及研究框架,并明确其基本问题。

2.2　ILSDE 需求分析

需求分析是对装备使用过程 ILSDE 的进一步细化,以明确其内部组成及相互关系。使用过程装备综合保障工作既有保障性工作,又有对装备实施的维修、供应等保障工作,这些工作的执行离不开数据的支持,而数据的使用、产生以及存储等操作又必须伴随上述工作而有序进行。为了实现这一目标,首先要对使用过程的综合保障工作进行分析,明确其业务流程,即包括哪些活动和功能以及涉及哪些用户和资源等,特别是它们与数据的关系以及对数据的影响,为确定装备使用过程 ILSDE 的功能需求、用户需求和信息需求等提供依据。

2.2.1　综合保障工作分析

综合保障工作分析的目的在于明确其在数据环境中的存在形式和组成要素,以及各要素与数据的关系。

工作项目是完成某项计划或任务所进行的一系列活动的总称,是在一定组织结构内,利用相关资源并在规定时间内完成任务。无论是保障性工作还是保障工作,都是由一系列技术和管理活动组成的,这些活动具有一定的逻辑关系,构成了保障业务流程,而活动的执行又涉及相应的保障业务功能、资源和组织。功能是对业务活动的进一步细化,表明业务活动是如何执行的;资源是业务活动执行的物质基础,如信息、软硬件工具、设备、设施等;组织是一种特殊资源,由业务活动的执行人员和机构组成,是确定 ILSDE 用户需求的基础。由工作项目定义可知,其基本组成为业务流程及活动,而功能、资源和组织又是对业务活动补充和细化,因此项目成为对综合保障工作进行组织和完整描述的一种有效方式,也是综合保障工作在 ILSDE 中的基本存在方式。

从图 2-4 可以看出,业务流程与数据具有密切的关系。业务流程由业务活动组成,每一项业务活动的执行都需要使用并产生数据,业务流程决定了数据的流向,因此需要通过业务流程管理与控制来规范数据的使用和操作。业务组织中的执行人员和机构通过业务活动访问数据,为了保证数据的安全性和完整性,需要进行用户管理并对数据的存取权限进行控制,按照赋予的权限将数据访问控制在规定的范围内。此外,业务功能往往通过封装或集成应用系统、软件工具来实现,而应用系统和软件工具又以资源对象的方式存储在数据中,当业务活动执行时,需要合理调用和配置,以协助执行人员或机构完成任务。上述分析表明,业务流程及活动、用户、应用系统或软件工具等对数据的使用和操作具有重要影响。

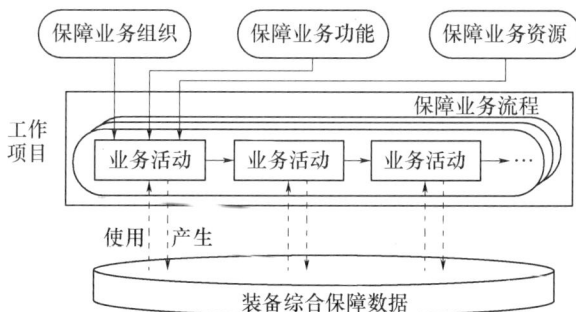

图 2-4　装备综合保障工作组成要素及关系

"联合作战装备综合保障分析与评价"是装备使用过程的一项综合保障工作,如图 2-5 所示,其业务流程主要包括编制想定、系统建模、确定保障要求、保障资源确定与配置、形成保障方案、保障仿真与评价。

联合作战装备综合保障分析与评价

| 编制想定 | → | 系统建模 | → | 确定保障要求 | → | 保障资源确定与配置 | → | 形成保障方案 | → | 保障仿真与评价 |

装备综合保障数据

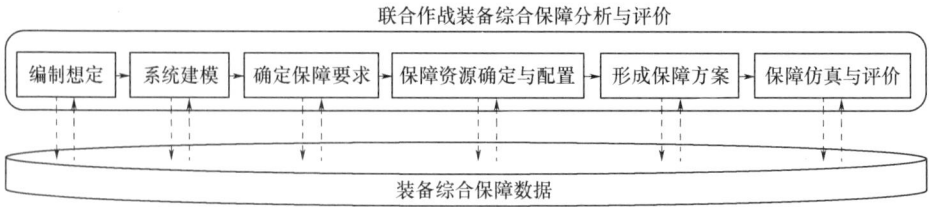

图 2-5 "联合作战装备综合保障分析与评价"业务流程

1. 编制想定

想定是将作战意图转化为具体的作战计划和方案,是为了满足作战需要而对实际作战过程的预想,是指挥作战不可缺少的重要环节。"编制想定"活动主要是根据作战任务确定兵力结构、初始任务系统、保障力量基本构成,在进一步补充和完善的基础上编制并生成想定。"编制想定"活动是整个业务工作的起点,而生成的想定又是进行其他业务活动的重要依据。

2. 系统建模

"系统建模"活动主要是根据生成的想定,分别建立任务系统模型、保障对象系统模型和保障系统模型。任务系统是由相互联系、相互制约、相互依存的各层作战任务共同构成的有机整体,由它确定了保障对象所要达到的目标及承担的责任,具有层次性、阶段性和逻辑性特点;保障对象系统是由各层武器装备组成的直接执行作战任务的有机整体,是完成作战任务的物质基础;保障系统是使用与维修装备所需的所有保障资源及其管理的有机组合。通过建立上述三个系统模型,为确定保障要求、生成保障方案以及保障方案仿真提供数据。

3. 确定保障要求

保障要求是关于保障系统和保障资源的定性定量描述。"确定保障要求"活动主要根据建立的任务系统、保障对象系统和保障系统,在考虑可靠性、维修性和保障性(RMS)因素前提下,计算装备实际需求量;根据装备数量以及任务要求,进行作战能力到保障能力的分解,确定对保障系统和保障资源的基本要求,如平均保障延误时间(MLDT)、资源种类、数量、满足率等,为保障资源确定与动态配置以及生成保障方案提供数据。

4. 保障资源确定与配置

保障资源是保障系统的重要组成部分。根据想定分析结果以及建立的任务系统、保障对象系统和保障系统模型,在确定保障要求的基础上,主要确定人力人员、训练、备件和设备等保障资源需求,并进行保障资源的动态配置。

5. 形成保障方案

保障方案是依据作战使用要求、装备使用特点和保障决心,对完成保障任务和实施措施的基本设想,它规定了作战实施过程中如何对装备保障的总体设想和要求,是实现保障工作的一种总体规划。"形成保障方案"活动主要根据任务系统、保障对象系统和保障系统模型以及保障要求,通过人力人员、训练、备件和设备等保障资源的确定与动态配置生成联合作战保障方案,并为制定保障计划提供依据。

6. 保障仿真与评价

主要是运用仿真手段对保障方案以及保障系统的优劣进行评价。评价与检验装备作战单元保障方案的实施效果以及保障系统的保障能力,并能够为保障方案提供准确清晰的改进建议,而且通过仿真过程的实施,可为保障指挥人员的训练与保障决策奠定基础。

对于装备使用过程 ILSDE,工作项目既是一种具体应用,又是综合保障工作在 ILSDE 中实施的基本方式。因此,为便于数据的使用和操作,工作项目、业务流程及活动等必须纳入 ILSDE 统一管理和控制,以构成一个完整的系统(图 2-6)。

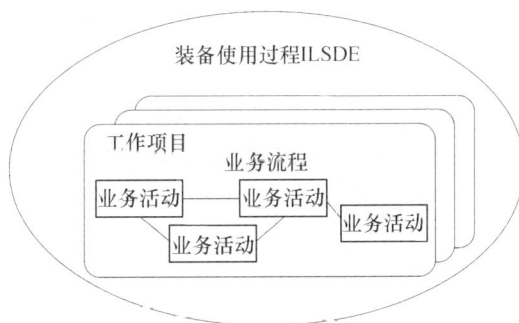

图 2-6　集成工作项目、业务流程及活动的装备使用过程 ILSDE

2.2.2　功能需求分析

功能需求分析主要是为了弄清 ILSDE 应具备哪些功能,是进行装备使用过程 ILSDE 设计和实现的基础和依据。从管理和应用的角度看,装备使用过程 ILSDE 主要包括系统功能和综合保障业务功能(图 2－7)。

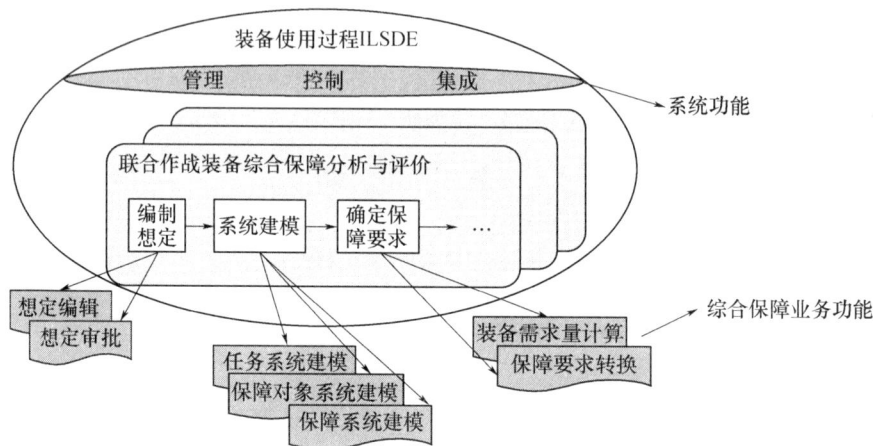

图 2－7　装备使用过程 ILSDE 功能组成及关系

1. 系统功能

为了保证数据操作的规范和安全,装备使用过程 ILSDE 必须提供满足不同需求的一些基本辅助功能,如工作项目管理、业务流程管理与控制、用户访问控制等,归纳起来主要分为管理功能、控制功能和集成功能。

1)管理功能

管理功能是装备使用过程 ILSDE 的一项基本功能,通过对综合保障工作的组成要素,如业务流程、业务活动、相关用户及角色等的管理来规范综合保障工作,为用户使用和操作数据提供辅助和支持。管理功能具体包括工作项目管理、业务流程管理、业务活动管理、用户管理、角色管理、软件工具管理、数据接口管理和数据管理,如综合保障数据建模、数据权限创建与维护、数据查询、备份与恢复等。

2)控制功能

控制功能是确保数据使用和操作安全、合理和有序的关键。在装备使用过程 ILSDE 中,控制功能表现为两个方面:用户访问控制和业务流程控制。

从数据的安全性、完整性和一致性考虑,需要对用户访问进行控制。无论系统管理者还是使用者,必须对其身份和权限进行验证和检查;由于用户对数据的使用和操作主要是通过访问业务活动来实现的,因此用户的角色必须与业务活动所分配的角色相匹配,这就需要在访问业务活动之前进行相应的检查;软件工具用于执行和完成保障业务功能,也是数据产生、使用和存储的最直接参与者,需要对其访问权限进行控制,同时要对软件工具的输入输出进行检查,以确保其正常运行。由此可见,用户访问控制主要体现为用户身份验证、业务活动操作检查和软件工具检查。

业务流程决定了数据的流向,是保证数据产生、使用和存储有序进行的关键。业务流程由一系列业务活动组成,因此首先要正确定义业务活动之间的逻辑关系(如串行、并行等),其次要按照相应的业务规则或约束检查业务活动的状态(如就绪、等待、进行或完成等),以保证业务流程的正确运行。

3)集成功能

对于需要访问和共享 ILSDE 中数据的现有软件系统和工具,ILSDE 通过分配权限和定义数据接口等提供集成功能。

2. 综合保障业务功能

保障业务功能来自于综合保障工作、流程或活动。从装备全寿命周期来看,无论是保障性工作还是保障工作都包含相应的业务功能,如装备研制阶段,确定保障性要求工作包括可靠性、维修性、测试性等特性的定量要求计算功能,保障性设计工作包括可靠性、维修性、测试性等特性的分配功能,预防性维修工作中包含了逻辑决断和间隔期确定等功能。

如图 2-7 所示,给出了"联合作战装备综合保障分析与评价"中部分业务活动所包含的功能,如"编制想定"包括想定编辑和想定审批功能,即编制和生成不同军兵种、不同层次的作战想定和保障想定;"系统建模"包括任务系统建模、保障对象系统建模、保障系统建模,即通过建立相应的模型来反映不同层次任务的属性、时序关系及逻辑关系,不同层次武器装备的属性及相互关系,不同层次保障机构与力量、保障资源的属性以及与保障对象的关系;"确定保障要求"包括装备需求量计算和保障要求转换,即在考虑 RMS 的前提下,确定各层次装备的实际需求量,并根据系统建模结果确定不同层次保障系统和保障资源定性、定量要求。综合保障业务功能将通过相对独立的软件工具来实现并由系统功能来管理和控制。与系统功能不同,ILSDE 的综合保障业务功能处于相对变化的状态,随着工作项目的增加,ILSDE 的综合保障业务功能也将不断扩展。

2.2.3 资源需求分析

资源是开展综合保障工作所必须的物质因素。所有保障业务活动及功能的实施都必须得到资源的支持。广义上讲,资源覆盖了业务工作的所有实体,包括原材料、装备、设备、设施、工具、资金、人员等有形资源,也包括技术、文档、数据、知识等无形资源。不同类型的资源在装备综合保障业务活动中发挥着不同的作用,资源的管理与优化对实现装备综合保障业务重组、提供其柔性和敏捷性具有重要意义。

如图 2-8 所示,对于装备使用过程 ILSDE,广义的资源可以分为三类,即组织、信息和其他资源(业务活动执行所涉及的装备、设备、设施、工具等)。资源需求是功能需求的重要补充,从装备使用过程 ILSDE 功能需求分析来看,无论是系统功能还是综合保障业务功能,首先必须明确由谁来执行这些功能,即明确 ILSDE 的组织结构,如哪些人员负责系统管理、系统控制和系统集成,哪些人员和机构负责综合保障业务功能,这些人员和机构的相互关系如何等。作为一个软件系统或平台,除了计算机、操作系统、数据库、网络等相关软硬件资源外,ILSDE 运行的最重要基础就是信息资源,从系统管理与控制来看,需要相关对象的基本信息,如工作项目、业务流程、业务活动、用户、软件工具等;就综合保障而言,业务活动或功能的执行需要相应的输入和输出信息,除了装备、保障性等基本信息外,不同的工作项目涉及不同的综合保障信息,如"联合作战装备综合保障分析与评价"所需的任务信息、想定信息、保障对象信息、保障系统信息等。基于上述分析,本书主要以广义资源中的组织和信息为对象,进行装备使用过程 ILSDE 用户需求和信息需求分析。

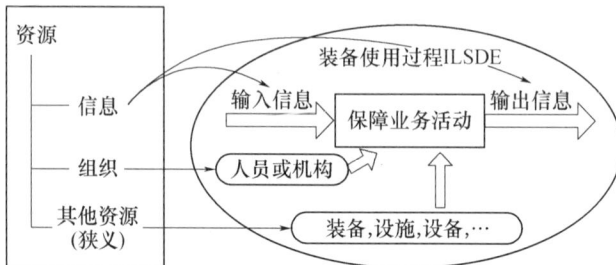

图 2-8 资源与装备使用过程 ILSDE 关系

2.2.4 用户需求分析

用户需求分析主要是明确有哪些人或机构来管理和使用 ILSDE。由于 ILS-DE 功能包括系统功能和综合保障业务功能,而综合保障工作又是以项目的形式存在于 ILSDE 中,因此装备使用过程的 ILSDE 用户可分为三类,即系统用户、项目用户和保障业务用户(图 2 - 9),系统级用户负责数据环境的总体管理,包括创建和管理项目、业务流程及活动、用户和角色等;项目用户负责项目运行和监控;保障业务用户主要是指负责执行具体保障业务活动或功能的机构或人员。从三类用户的关系来看,系统用户负责创建项目用户,项目用户创建保障业务用户。下面结合实例,主要分析保障业务用户的确定。

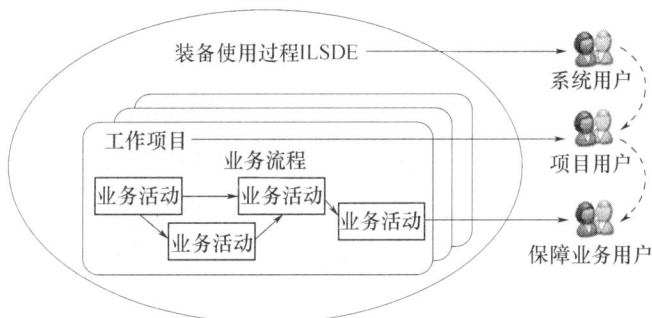

图 2 - 9 装备使用过程 ILSDE 用户组成及关系

确定保障业务用户应首先明确相应的业务组织结构及层次关系。对于"联合作战装备综合保障分析与评价",其组织结构分为联合战役层、军兵种战役层和作战部队层(图 2 - 10),联合战役层的业务机构为联合战役基本指挥所和联合战役后方指挥所,分别负责联合战役的指挥决策和装备、后勤保障的指挥与组织;军兵种战役层的业务机构分别为陆军、海军、空军和二炮基本指挥所及后方指挥所,分别负责各军兵种战役的指挥决策和装备、后勤保障的指挥与组织;作战部队层为作战部队(如陆军的高炮旅、防空旅等)基本指挥所及后方指挥所,分别负责其作战指挥决策和装备、后勤保障的指挥与组织。纵向来看,各层次基本指挥所和后方指挥所之间为指挥关系;横向来看,联合战役后方指挥所、军兵种后方指挥所、作战部队后方指挥所之间为业务指导关系。

以联合战役、陆军、防空旅的基本指挥所和后方指挥所为例,在进一步细化

```
   联合战役层    |    军兵种战役层    |           作战部队层

                                           ┌─────────────────┐
                                           │  高炮旅基本指挥所  │
                          ┌──────────┐     ├─────────────────┤
                          │   陆军    │─────│  防空旅基本指挥所  │
                          │ 基本指挥所 │     ├─────────────────┤
                          └──────────┘     │预备役高炮旅基本指挥所│
              ┌──────┐                      └─────────────────┘
              │ 联合  │    ┌──────────┐
              │ 战役  │    │   海军    │ ············
              │ 基本  │────│ 基本指挥所 │
              │ 指挥  │    └──────────┘
              │  所   │    ┌──────────┐
              └──────┘    │   空军    │ ············
                          │ 基本指挥所 │
                          └──────────┘
                          ┌──────────┐
                          │   二炮    │ ············
                          │ 基本指挥所 │
                          └──────────┘
                                           ┌─────────────────┐
                          ┌──────────┐     │  高炮旅后方指挥所  │
                          │   陆军    │     ├─────────────────┤
                          │ 后方指挥所 │     │  防空旅后方指挥所  │
                          └──────────┘     ├─────────────────┤
              ┌──────┐                      │预备役高炮旅后方指挥所│
              │ 联合  │    ┌──────────┐     └─────────────────┘
              │ 战役  │    │   海军    │ ············
              │ 后方  │────│ 后方指挥所 │
              │ 指挥  │    └──────────┘
              │  所   │    ┌──────────┐
              └──────┘    │   空军    │ ············
                          │ 后方指挥所 │
                          └──────────┘
                          ┌──────────┐
                          │   二炮    │
                          │ 后方指挥所 │
                          └──────────┘

              ——— 指挥关系      ------- 业务指导关系
```

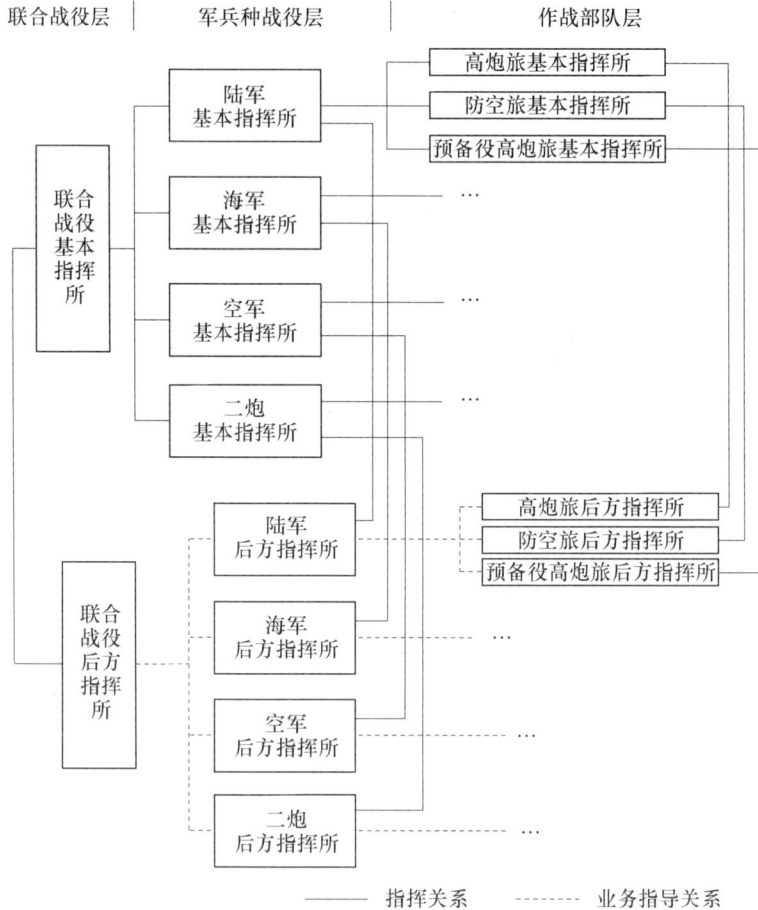

图 2 - 10 "联合作战装备综合保障分析与评价"的业务组织结构

其内部组织机构的基础上,建立与业务过程及活动的关系(图 2 - 11)。从图 2 - 11中可以看出,业务流程中的"编制想定"主要由各层作战指挥部门(编制作战想定)和装备指挥部门(编制保障想定,联合战役层为战勤计划组)的人员共同负责,"系统建模"由各层作战指挥部门的人员负责,"确定保障要求""保障资源确定与配置""保障仿真与评价"由各层装备指挥部门或综合部门的人员负责。由此可以确定,执行具体保障业务活动的用户主要来自各层的作战指挥部门和装备指挥部门(或综合部门),其他军兵种也可以照此方式确定执行相应业务活动的用户。

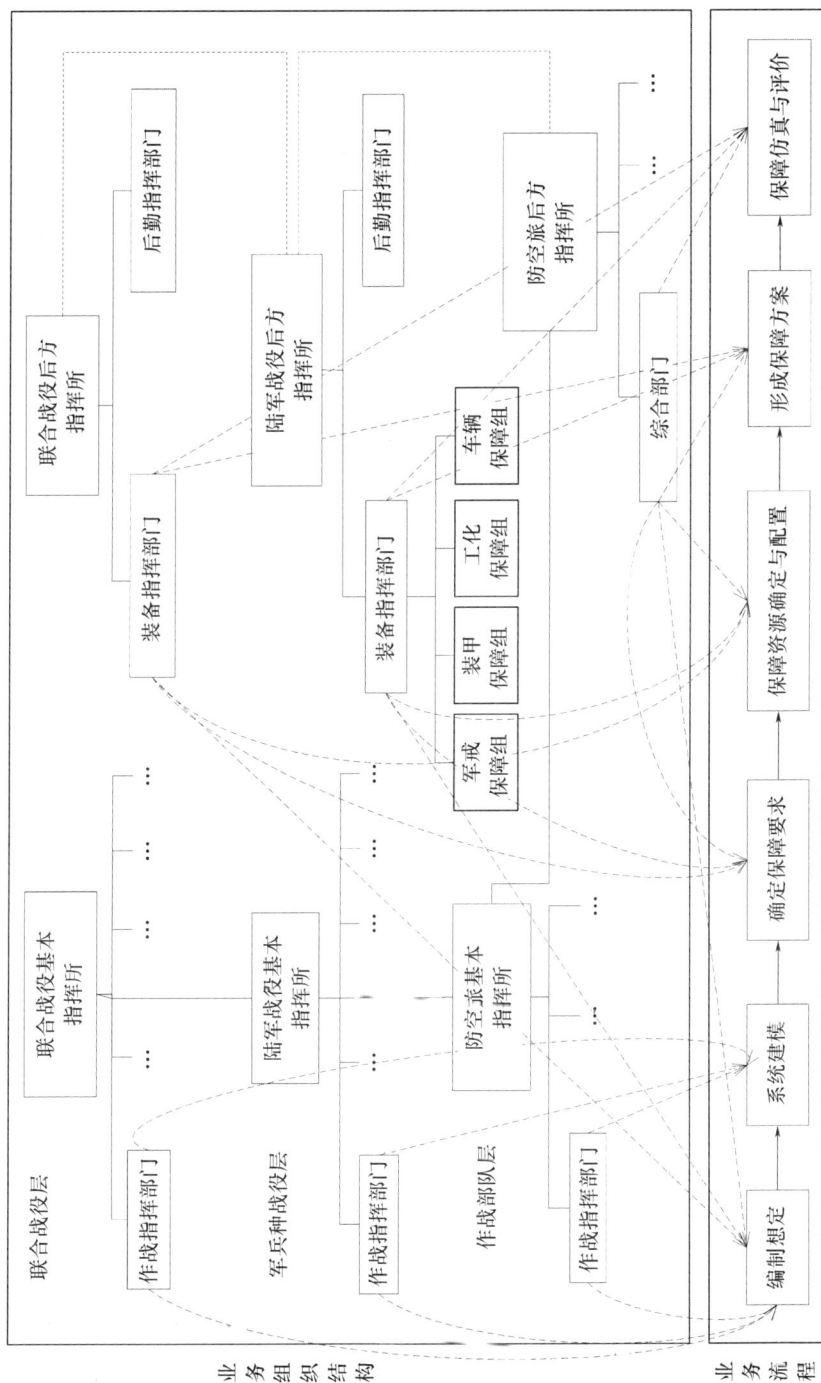

图2-11　组织结构与业务活动的关系

用户需求分析不仅明确了 ILSDE 用户的来源以及所属业务机构的关系,也进一步明确了 ILSDE 所应具有的功能(如用户管理、角色管理)。除了上述内容外,还要确定用户的角色、权限及相关约束等,这需要通过组织建模来完成。

2.2.5　信息需求分析

信息既是装备使用过程 ILSDE 的重要组成部分,又是其运行的基础。信息需求分析的目的是根据功能需求和用户需求,确定 ILSDE 的信息框架,为进行数据建模、建立单一的综合保障数据源提供依据。装备使用过程 ILSDE 中的信息主要包括两个方面:系统信息和综合保障信息。

1. 系统信息

基于用户需求以及支持 ILSDE 的系统管理、控制和集成功能,系统信息主要包括组织结构信息、系统管理信息、系统控制信息和系统集成信息。

组织结构信息:基于用户需求分析,组织结构信息描述 ILSDE 的组织层次、关系以及各层次用户的基本属性,特别是保障业务机构和人员的组成,以及相应的角色和权限。组织结构信息既包括系统用户、项目用户信息,又包括工作项目涉及的保障业务机构和人员信息,如"联合作战装备综合保障分析与评价"中(图 2 - 9)各层次基本指挥所和后方指挥所以及下辖的作战指挥部门、装备指挥部门等机构的人员组成、角色及权限。组织结构信息的细化和抽象需要通过 ILSDE 系统组织建模和数据建模来实现。

系统管理信息:根据功能需求分析,系统管理信息描述 ILSDE 的管理功能组成,特别是系统管理所涉及的对象以及对象之间的关系,如工作项目、业务流程、业务活动、软件工具、数据接口等,这些对象应具有哪些属性、工作项目与业务流程具有什么样的关系、业务流程与业务活动具有什么样的关系等。系统管理信息的细化和抽象需要通过 ILSDE 系统功能建模和数据建模来实现。

系统控制信息:根据功能需求分析,系统控制信息描述 ILSDE 的控制功能组成、系统控制所涉及的对象以及相应的控制关系,如用户、软件工具、业务活动、业务活动之间的逻辑关系等。如何实现用户访问控制、业务流程控制,还需要对控制机制、方法和模型进行深入研究,在此基础上通过 ILSDE 系统功能建模和数据建模来获得控制信息。

系统集成信息:基于功能需求分析,系统集成信息主要描述 ILSDE 系统集成所涉及的对象及其属性,即外部软件应用系统和工具信息,在明确集成方法的基础上通过 ILSDE 系统功能建模和数据建模来获得集成信息。

2. 装备综合保障信息

综合保障覆盖装备的整个寿命周期,因此,综合保障信息涵盖了装备全寿命过程中装备及其保障的各个方面,如论证、分析、设计、管理、使用与保障等。按照装备寿命周期的不同阶段进行划分,装备综合保障信息主要包括论证、研制、生产和使用阶段信息。

论证阶段信息:在装备论证过程中,开展保障性分析,需要大量的输入信息,包括装备的任务需求信息、现有装备任务能力及保障约束条件等信息。通过保障性分析输出保障性要求信息,作为下一步开展保障性工作的依据。

研制阶段信息:研制阶段是保障性工作的关键,本阶段产生的保障性信息主要包括:合同中规定的保障性指标及要求;保障性实施计划;保障性分析结果及汇总报告;保障性试验及报告;保障资源需求等。

生产阶段信息:生产阶段的综合保障信息主要包括保障资源研制和保障系统建立状态情况以及保障性试验与评价数据等。

使用阶段信息:使用阶段综合保障信息主要包括装备的使用情况以及保障系统运行情况信息,既有保障性信息,如故障信息、保障资源信息、保障性评估信息等,又有所实施的保障工作信息,如维修信息、供应信息等。

从上述描述来看,各阶段产生和使用的主要信息为保障性信息以及装备使用过程所开展的保障工作信息。目前,GJB 3837—1999《装备保障性分析记录》仅对保障性分析信息进行了分类,主要包括:

(1)装备使用与维修信息。

(2)装备可用性、可靠性、维修性、故障模式影响及危害性分析以及以可靠性为中心的维修分析等相关信息。

(3)装备使用与维修清单、使用与维修工作任务分析、人员与保障要求信息。

(4)保障设备与训练要求信息。

(5)测试性要求与说明信息。

(6)设施要求信息。

(7)人员数量和这也技能要求信息。

（8）包装和供应要求信息。

（9）运输性工程分析信息。

对于装备使用过程 ILSDE，虽然是以装备使用过程综合保障工作为研究对象，但其涉及的信息应是全系统、全寿命过程的，既有反映保障性的信息，也有反映具体保障工作的信息；既有装备研制阶段的，也有装备使用阶段的。此外，不同的综合保障工作（特别是针对不同需求和目标的保障工作）可能需要不同的保障信息。例如，"联合作战装备综合保障分析与评价"工作，除了装备及其属性、保障资源、保障系统等基本信息外，还需要作战任务、兵力结构、作战和保障想定、保障资源动态配置、保障仿真与评价等信息。

为了实现 ILSDE 系统管理、控制和集成功能以及综合保障业务功能，需要系统信息和综合保障信息紧密结合。由于 ILSDE 主要通过配置和调用软件工具的形式访问综合保障信息，以实现相应的保障业务功能，因此，数据接口成为关联系统信息和综合保障信息的重要环节（图 2－12），为不同的软件工具提供数据访问视图（定义和规范数据访问的内容和范围），以满足不同保障业务的数据需求。

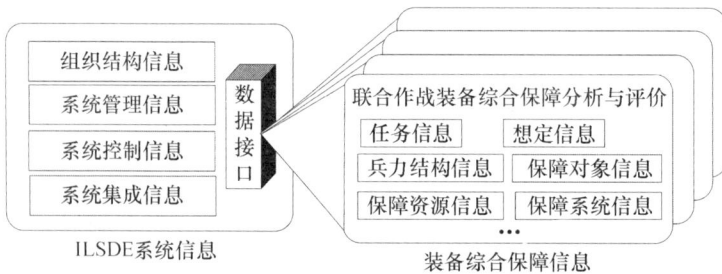

图 2－12　ILSDE 系统信息与装备综合保障信息的关系

2.3　ILSDE 系统结构

对装备使用过程 ILSDE 进行研究的最终结果是构建一个可运行和可使用的系统，根据需求分析给出 ILSDE 的设计参考模型，即 ILSDE 系统结构（图 2－13），主要包括应用层、对象层、数据层和功能层。

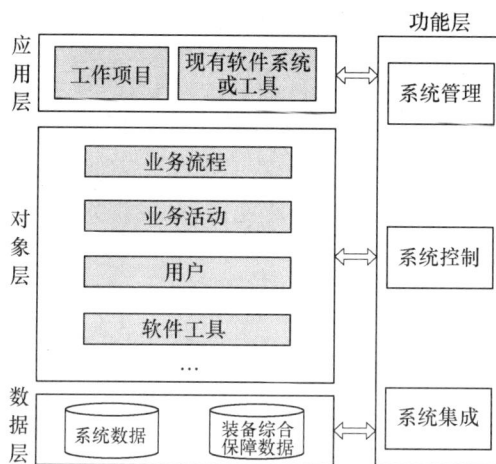

图 2 – 13　装备使用过程 ILSDE 系统结构

2.3.1　应用层

应用层是装备使用过程综合保障工作在 ILSDE 中的概念表示,主要由工作项目、需要集成的现有软件系统或工具组成。工作项目是从综合保障业务层面对数据的使用和产生进行规范,并通过综合保障业务建模来实现,如建立业务功能模型、组织模型、信息模型、资源模型等;所集成的软件系统和工具主要是从具体应用方面对数据的使用和产生提出需求。通过对装备使用过程综合保障工作的概念分析与建模,可以输出业务流程、业务活动、用户等的相关信息,为创建 ILSDE 的对象层和数据层提供依据。

2.3.2　对象层

对象层是装备使用过程综合保障工作在 ILSDE 中的逻辑表示。为了实现重用与共享,将工作项目所涉及的业务流程、业务活动以及执行业务活动的用户和软件工具等作为对象,并通过相应的管理和控制机制来支持数据的合理使用与操作。作为装备使用过程 ILSDE 的核心,对象层主要通过相应的逻辑模型来描述其属性和相互关系,既能够支持应用层工作项目的实施,又为建立可存储、可操作的物理模型提供了参考。对象层可以随着研究的深入进行扩展,即引入需要管理和控制的其他对象。

2.3.3　数据层

数据层是装备使用过程 ILSDE 的物理表示层和存储层,由系统数据和装备综合保障数据组成,是对应用层和对象层的进一步抽象。数据层通过相应的(物理)数据模型来表示,并且能够被计算机存储、识别和操作,是 ILSDE 正常、有效运行的支撑和基础。

2.3.4　功能层

功能层是装备使用过程 ILSDE 系统功能的集合,由系统管理、系统控制和系统集成功能组成,分别对应用层、对象层和数据层进行管理和控制。其中,既有静态的管理,如工作项目、业务流程等对象的创建和维护,数据的查询、备份和恢复等,又有动态的控制,如业务流程控制、用户及软件工具控制等。功能层主要以功能模型(包括控制模型)来反映 ILSDE 系统功能组成和相互关系,通过对工作项目、特别是各种对象的管理和控制,来确保数据的正确、合理、规范使用与操作。

2.4　ILSDE 研究框架及基本问题

在进行需求分析、并明确 ILSDE 系统结构的基础上,建立 ILSDE 的研究框架,以明确 ILSDE 研究的基本问题。

2.4.1　研究框架

基于上述分析,可以从工作内容、模型体系、系统结构方面建立装备使用过程 ILSDE 的研究框架(图 2 - 14)。

1. 工作维

工作维主要描述以装备(基本)作战单元为对象的使用阶段综合保障工作,主要包括确定保障要求、保障资源确定与优化、制定保障方案及保障能力分析与评价等。

(1)确定保障要求。根据作战和使用任务要求,确定面向装备(基本)作战单元的保障系统及保障资源的基本要求(定性和定量),如平均保障延误时间

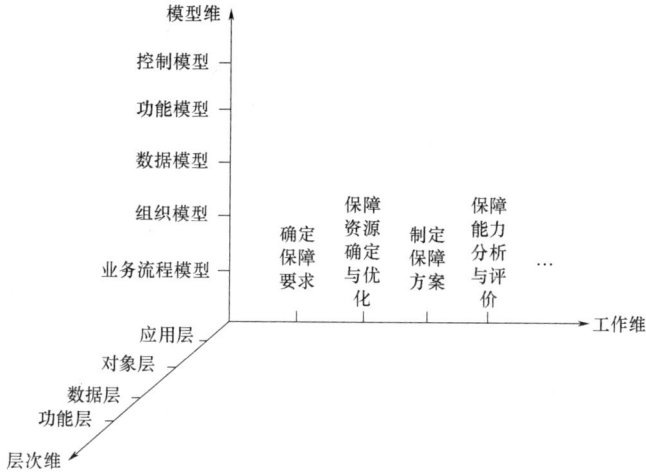

图 2 - 14　装备使用过程 ILSDE 研究框架

（MLDT）、资源数量、种类、满足率等,为确定保障资源、制定保障方案提供数据支持。

（2）保障资源确定与优化。保障资源是建立保障系统的基础。面向作战和使用任务、以装备(基本)作战单元为对象,以保障要求数据为依据,确定不同保障业务机构的资源需求。保障资源的优化包括调整保障资源品种和数量、优化使用和维修过程、对保障设施设备进行改进等。

（3）制定保障方案。保障方案是实施保障工作的一种总体规划。制定面向装备(基本)作战单元的保障方案是装备使用过程的一项重要工作,并以保障要求确定和保障资源配置为基础。保障方案的生成将为制定更详细的保障计划提供依据。

（4）保障能力分析与评价。利用相应的模型或仿真方法,对面向装备(基本)作战单元的保障方案实施效果、保障系统能力、保障资源等进行评估,以对保障方案、保障系统以及保障资源配置进行改进和调整。

2. 模型维

为了满足装备使用过程 ILSDE 的功能需求、用户需求和信息需求,必须建立相应的模型,即业务流程模型、组织模型、数据模型、功能模型、控制模型,每一种模型都从一个侧面反映了装备使用过程 ILSDE 的基本特征和行为,因此,模型维主要是从过程集成、功能集成、组织集成和数据集成的角度对 ILSDE 进行研究,并利用相应的建模方法建立上述各个模型。

（1）业务流程模型。业务流程模型是对综合保障工作的抽象描述,通过定义业务活动及相互之间的逻辑关系来反映保障业务工作的具体实施。除了描述业务活动及其相互关系外,还必须明确业务流程是如何实施的、由哪些人员和机构参与、需要哪些信息或数据等,因此,业务流程模型是建立其他业务模型(如功能模型、组织模型等)的基础,也是实现保障业务重组与优化的关键。

（2）组织模型。组织模型主要反映装备使用过程 ILSDE 系统以及综合保障业务的组织结构,包括 ILSDE 管理者和使用者的组成、层次及关系。构建组织模型的关键是明确与工作项目对应的综合保障业务组织结构以及人员角色和权限。

（3）数据模型。由于建模的目的和用途不同,数据模型可以分别从概念、逻辑和物理三个层面来表示装备使用过程 ILSDE 的系统信息和综合保障信息,既能够描述 ILSDE 系统内部不同层次对象之间的关系,又能够反映不同保障业务功能的输入输出以及相互关系。数据模型是建立 ILSDE 稳定而可靠的数据结构,并为装备综合保障提供单一数据源的基础。

（4）功能模型。功能模型反映了装备使用过程 ILSDE 的功能组成和逻辑关系,包括 ILSDE 系统功能和综合保障业务功能。功能模型侧重描述系统的静态特征,如系统管理功能的组成及关系、系统控制功能的组成等,而系统的动态特征则主要通过控制模型来体现;综合保障业务功能随不同的工作项目而变化,并通过集成相应的软件工具来实现。

（5）控制模型。控制模型是对功能模型的进一步扩展和完善,是装备使用过程 ILSDE 动态特征的反映。虽然功能模型描述了系统控制功能的组成,但如何进行控制却没有体现。因此,必须在研究和明确控制机制及方法的基础上建立相应的控制模型,才能真正实现系统控制功能,以确保用户对数据的正确使用和操作。

3. 层次维

层次维是装备使用过程 ILSDE 系统结构的反映,是从系统设计的角度对 ILSDE 进行研究。这里主要明确层次维与模型维的关系,即通过与模型维相对应,确定反映各个层次特征的模型或模型组。

（1）应用层。应用层的工作项目主要通过综合保障业务模型来体现,即综合保障业务流程模型、功能模型、组织模型和（概念）数据模型。

（2）对象层。对象层由业务流程、业务活动、用户、软件工具等对象组成,主要通过（逻辑）数据模型来反映对象之间的逻辑关系。

（3）数据层。数据层由装备使用过程 ILSDE 系统数据和综合保障数据组成,主要通过（物理）数据模型来实现,并生成 ILSDE 数据库。

（4）功能层。功能层包括装备使用过程 ILSDE 系统管理功能、系统控制功能和系统集成功能,主要通过系统功能模型和系统控制模型来体现。

由图 2 - 14 可以看出,装备使用过程 ILSDE 研究框架的工作维、模型维、层次维是相互关联的。无论是保障性工作还是保障工作,都需要通过不同的模型来描述和抽象,并在 ILSDE 系统结构的不同层次实施;而业务流程、组织、数据、功能和控制等各种模型只有落实到 ILSDE 系统结构的相应层次,才能保证 ILS-DE 能够有效运行,以支持装备使用过程的综合保障工作。

2.4.2　基本问题

上述研究框架从装备使用阶段综合保障工作、模型体系、层次结构三个方面对 ILSDE 进行了系统描述,从三者的相互关系可以看出,ILSDE 基本问题主要集中于模型维和层次维,模型是对 ILSDE 功能、组织和数据的反映,而层次结构关系到 ILSDE 的设计与实现。因此,根据模型维与层次维的关系,确定 ILSDE 研究的基本问题:

1. ILSDE 建模研究

对于装备使用过程 ILSDE,建模的目的是为了进一步明确需求,更好地反映其结构、功能和数据方面的基本特征,为 ILSDE 的设计和实现提供依据。从 ILSDE 研究框架来看,应用层主要是装备综合保障业务建模,即围绕工作项目建立业务流程、功能、组织和信息模型;对象层主要建立围绕各个对象建立相应的（逻辑）数据模型;数据层主要建立关于系统和装备综合保障的（物理）数据模型,文献[97]已对装备使用过程综合保障数据进行了研究,给出了建模方法和相应的数据模型;功能层主要围绕系统管理、控制和集成功能建立相应的功能模型。由此可见,建模研究是装备使用过程 ILSDE 的最基本问题。

2. ILSDE 控制研究

控制是装备使用过程 ILSDE 系统功能的重要组成,是 ILSDE 动态特征以及区别于其他软件系统的重要体现。控制研究是为了明确如何在 ILSDE 中实现系统控制,是对系统功能建模的深入和扩展,包括确定控制对象、进行控制机制和方法研究,并建立相应的控制模型,为 ILSDE 的设计、实现和有效运行提供支持。ILSDE 控制研究也是本书的研究重点。

3. 装备综合保障业务工具开发与集成研究

从系统结构的应用层来看,装备使用过程 ILSDE 不仅要支持综合保障工作项目的实施,还要满足(外部)现有软件系统的数据访问需求。无论是执行保障业务功能的内部软件工具,还是相对独立的外部软件系统,都是通过数据接口这一唯一途径进行数据的使用和操作。接口与集成研究主要是规划数据接口、确定集成方法(如异构数据的转换等),有关文献已对装备使用过程 ILSDE 的数据接口和集成方法进行了研究。

4. ILSDE 系统设计与实现

系统设计及实现是装备使用过程 ILSDE 研究的最终目标。这一问题的研究主要是以 ILSDE 需求分析、系统结构以及建模与控制研究为基础,进行 ILSDE 系统框架、功能及数据库设计,并结合应用实例实现其系统功能。

基于上述分析,本书以"联合作战装备综合保障分析与评价"为实例,主要针对 ILSDE 建模(系统组织、功能和数据建模)、控制、系统设计与实现三个基本问题进行研究。

2.5　本章小结

在明确装备综合保障与数据环境关系的基础上,首先确定问题研究领域——装备使用过程 ILSDE;进行需求分析,即以综合保障工作分析为基础,主要明确其功能、用户和信息需求;根据需求分析,建立了由应用层、对象层、数据层和功能层组成的装备使用过程 ILSDE 系统结构;根据需求分析和系统结构,建立了由工作维、模型维和层次维组成的装备使用过程 ILSDE 研究框架,明确了建模研究、控制研究、综合保障业务工具开发与集成研究、系统设计与实现等基本问题以及本书的研究重点。

参 考 文 献

［1］ Gail Brown. Implementing an Integrated Product Data Environment—A Strategic Plan ［EB/OL］. https∶//
acc. dau. mil/GetAttachment. aspx? id = 33692&pname = file&aid = 6840&lang = en – US.

［2］ 马绍民. 综合保障工程［M］. 北京∶国防工业出版社, 1995.

［3］ 于永利,康锐. 装备综合保障的基础理论与技术框架［J］. 可靠性工程, 2008,6(2)∶49 – 53,68.

［4］ 宋太亮. 装备综合保障实施指南［M］. 北京∶国防工业出版社, 2004.

［5］ 聂成龙. 面向作战单元的综合保障模型研究［D］. 石家庄∶军械工程学院, 2004.12.

［6］ 宋太亮. 装备保障性系统工程［M］. 北京∶国防工业出版社, 2008.

［7］ 崔小杰. 装备使用过程综合保障数据建模研究［D］. 石家庄∶军械工程学院, 2009,4.

［8］ 董殿伟. 装备使用过程综合保障数据环境集成研究［D］. 石家庄∶军械工程学院, 2008.11.

第3章 装备综合保障数据环境建模研究

模型是为了便于理解而对系统做出的一种抽象。建模研究是装备使用过程 ILSDE 的最基本问题,其主要目的是研究 ILSDE 的静态结构,利用适合的建模方法来分别描述 ILSDE 系统的组成要素,即人员、功能和数据。本章在需求分析的基础上,通过组织建模确定 ILSDE 系统组织结构、层次及人员角色;通过功能建模确定 ILSDE 系统功能组成及逻辑关系;通过数据建模确定 ILSDE 系统信息的实体组成及关系。系统组织模型、功能模型和数据模型相互关联,是进行 ILS-DE 系统控制研究以及系统设计与实现的基础和依据。

3.1 ILSDE 系统组织建模

系统组织建模的主要目的是明确 ILSDE 系统的组织结构和层次。系统组织模型必须以综合保障业务组织结构为基础,并按照相应的职责和权限来定义业务人员和机构的角色,同时可以建立相应的系统角色模型。

3.1.1 组织建模方法

3.1.1.1 基本概念

组织模型是用来定义业务机构中人的组织形式的模型。进行组织建模就是定义一个具有适当的组织层次,并对每一层次赋予适当的职责和权限的组织机构。组织层次是一个结构化级别,在同一级别上将具有相同性质和任务的组织单元集合在一起。CIM - OSA(计算机集成制造——开放体系结构)给出了一种层次化组织建模方法,即基于组织单元和基本组织单元的组织建模方法。

组织单元(Organization Unit, OU):基本组织单元或组织单元的组合,组织单元定义了业务机构在职责范围内处理问题的职责和权力。组织单元间的隶属关系构成组织结构树,以描述组织的静态层次结构。

基本组织单元(Basic Organization Unit, BOU):一个组织元素,由组织结构中的职责、权限、能力来进行定义。基本组织单元代表了某一种任务组织,在一个给定的层次结构中能够完成相应业务功能实体的决策和问题求解。每一个基本组织单元从属于一个组织单元。

由以上定义可以看出,组织单元可以是原子级的,也可以是组合的。显然,基本组织单元和组织单元可以描述任何复杂程度的业务组织和机构,包括为它们赋予职责和权限,并把这些职责和权限组织到一个层次化结构中。

3.1.1.2　基于 BOU 和 OU 的建模方法

组织模型考虑的是人和组织的职责和权限,以及它们之间的关系,包括组织结构的描述、组织单元/基本组织单元的描述、人员的描述等。这里主要使用组织单元、基本组织单元、角色等概念来描述组织模型。

组织单元(OU):在组织模型中,组织单元由人员、BOU 或低层组织单元构成,组织单元间的隶属关系构成业务的组织结构树,以描述静态层次结构。

基本组织单元(BOU):组织中完成一定基本任务的个人或个人与其他资源的组合,BOU 在组织模型中是稳定的、不可再分的,主要由人员组成。

工作组(Work Group, WG):为执行某一特殊任务而动态组建跨部门的一种人员组合,是动态树状结构的构成元素,WG 由人员组成。

角色(Role):描述了人和组织在业务流程及活动中的作用以及组织模型与其他模型之间的关联。

利用 CIM – OSA 方法中的组织单元和基本组织单元构建的组织模型如图 3 – 1 所示,OU 可以由低层的 OU 组成,也可以包括 BOU 或人员;BOU 和 WG 则由人员组成。模型中的 OU、BOU、人员被赋予了不同的角色,以反映上述元素在业务组织中的职责和作用。

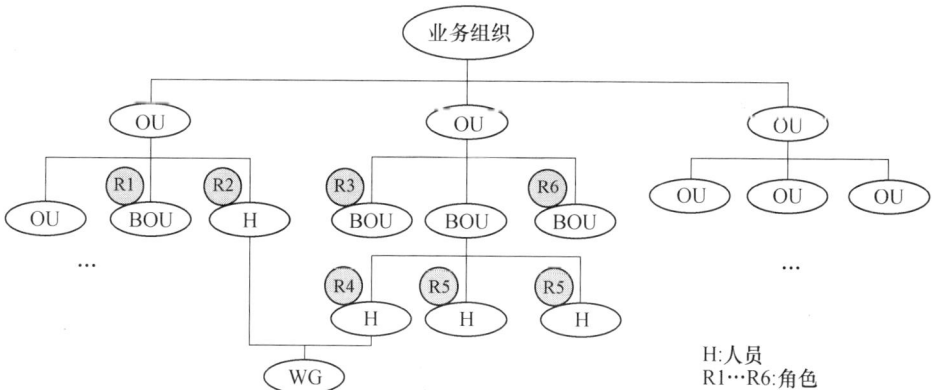

图 3 – 1　基于 OU 和 BOU 的组织模型

3.1.2 ILSDE 系统组织模型

用户需求分析中明确了装备使用过程 ILSDE 的三类用户,即系统用户、项目用户和保障业务用户。为了有效执行和完成综合保障工作,这些人员通过分工协作以及权限、职责的相互结合而形成了一个有机整体,因此,ILSDE 也可以看作一个组织或组织单元。按照用户的分类,ILSDE 系统组织结构可分为系统层、项目层和保障业务层。系统层是 ILSDE 的顶层(顶层 OU),由系统管理员和不同的工作项目(下一层 OU)组成,系统管理员负责 ILSDE 系统的管理与维护,如工作项目创建、业务流程及活动的管理等,系统管理员是 ILSDE 系统层的主要角色;在 ILSDE 中,综合保障工作主要以项目的形式组织和实施,这些工作项目是系统层之下的组织单元,构成了 ILSDE 组织结构的项目层,由项目管理员(项目层的主要角色)和不同的业务机构组成(低层 OU),项目管理员负责项目及业务流程的运行、用户访问控制、业务流程控制等;保障业务层由各具体保障业务机构组成,这些业务机构按照需要可以划分为多个层次,是相应工作项目下的 OU 或 BOU,其内部为担负不同职责的保障业务人员(保障业务层的主要角色),由此构成如图 3−2所示的层次化、基于 OU 和 BOU 的装备使用过程 ILSDE 系统组织模型。

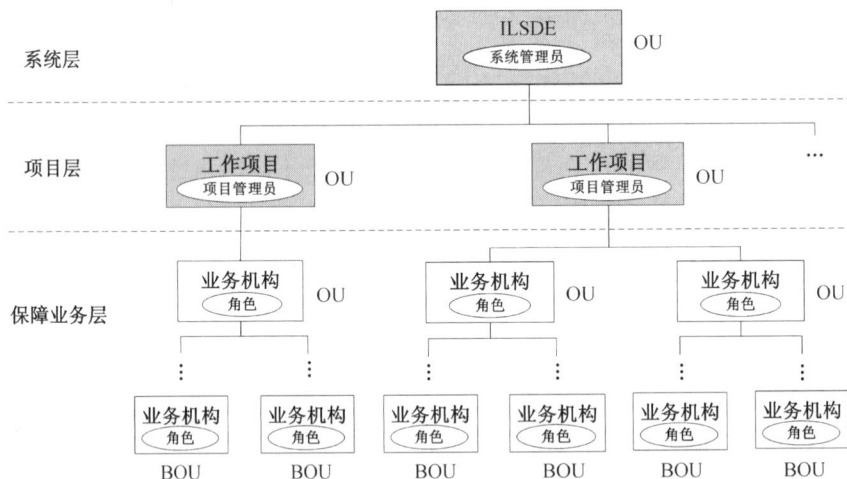

图 3−2　装备使用过程 ILSDE 组织模型

以"联合作战装备综合保障分析与评价"为例,对装备使用过程 ILSDE 系统组织模型的保障业务层进一步描述,建立相应的业务组织结构,明确其保障业务人员角色及职责,并在此基础上确定 ILSDE 的角色组成及相互关系。

按照基于 OU 和 BOU 的建模思路,图 3−3描述了以要地防空为基本任务、

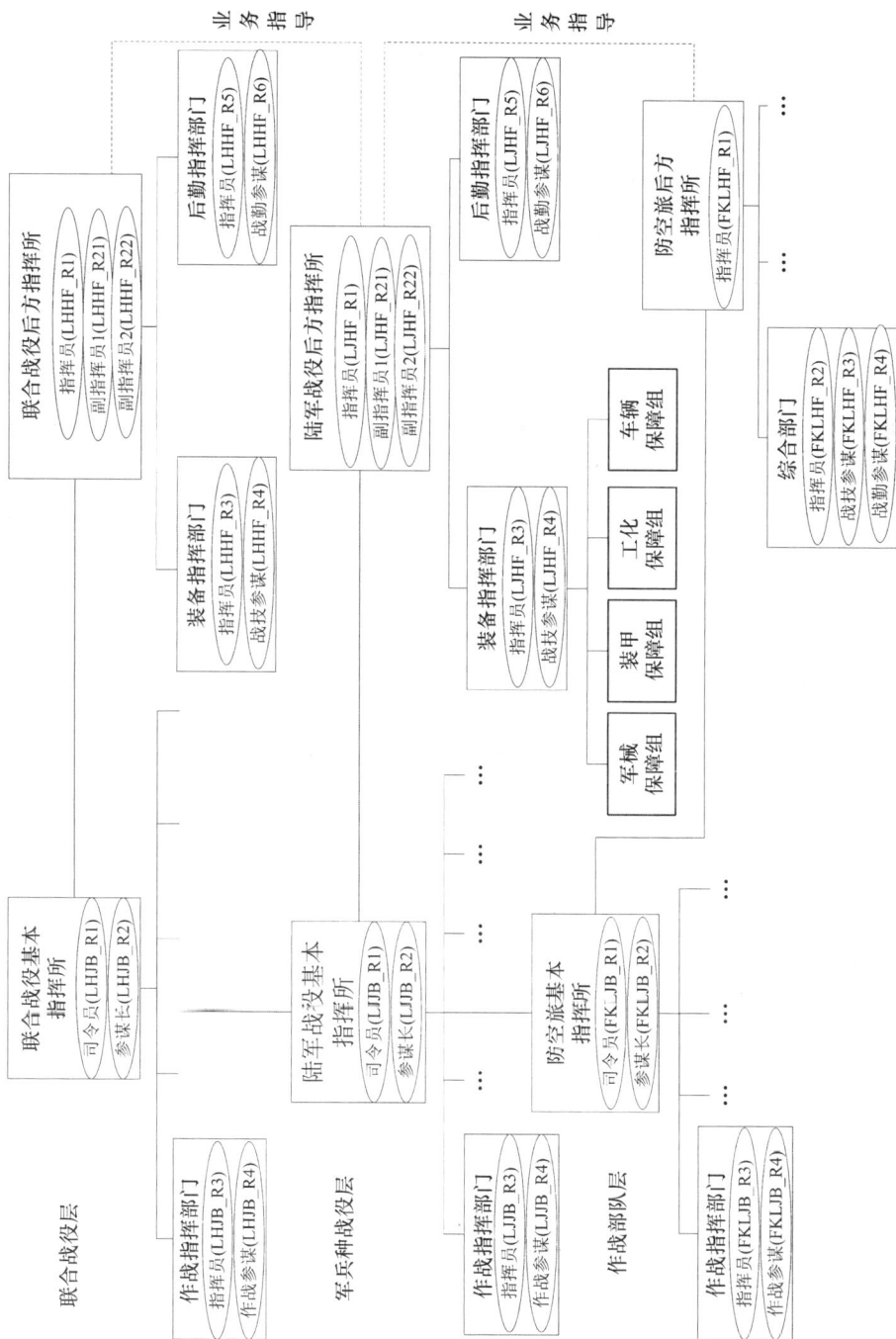

图3-3　联合作战装备综合保障组织结构

基于联合战役层、军兵种战役层、作战部队层的联合作战业务组织结构,这是一种直线功能制组织结构,即在直线领导机构和人员集中统一领导下,充分发挥各个专业业务部门的作用。例如,"联合战役基本指挥所"领导"作战指挥部门"等其直属机构,并指挥"陆军战役基本指挥所"等不同兵种的指挥机构,同时横向方面还领导"联合战役后方指挥所",而"陆军战役基本指挥所""防空旅基本指挥所"也具有类似的纵向、横向关联关系。此外,各级别后方指挥所之间还具有业务指导关系(图中虚线表示)。除了结构层次、关联关系外,还要明确各业务机构及其人员的职责,表3-1给出了联合战役基本指挥所和后方指挥所各角色的描述。

表3-1 联合战役基本指挥所和后方指挥所角色描述

角色标识	角色名称	所属机构	主要职责
LHJB_R1	司令员	联合战役基本指挥所	审批本级参谋长提交的想定,审批本级保障方案
LHJB_R2	参谋长	联合战役基本指挥所	审批本级作战指挥中心主任提交的想定,向本级司令员提交本级想定,接收本级保障方案并上报给本级司令员
LHJB_R3	指挥员	联合战役作战指挥部门	审批本级作战指挥中心参谋提交的想定,向本级参谋长提交本级想定,接收本级后方指挥所提交的保障方案并上报给本级参谋长
LHJB_R4	作战参谋	联合战役作战指挥部门	本级作战想定编辑与分析,进行本级作战想定与保障想定的汇总,向本级作战指挥部门指挥员提交本级想定;建立本级任务系统模型、保障对象系统模型
LHHF_R1	指挥员	联合战役后方指挥所	审批本级副指挥员提交的保障想定和保障方案,向本级基本指挥所提交本级保障方案
LHHF_R21	副指挥员1	联合战役后方指挥所	审批本级装备指挥部门指挥员提交的保障想定和保障方案,并向本级指挥员提交
LHHF_R22	副指挥员2	联合战役后方指挥所	审批本级后勤指挥部门指挥员提交的保障想定和保障方案,并向本级指挥员提交
LHHF_R3	指挥员	联合战役装备指挥部门	审批本级战技参谋提交的保障想定和保障方案,并向本级装备指挥部门指挥员提交
LHHF_R4	战技参谋	联合战役装备指挥部门	本级保障想定编辑与分析,拟制本级保障方案,并向本级装备指挥部门指挥员提交;建立本级保障系统模型
...	...	...	...

从上述实例化分析可以看出,保障业务层是处于变化状态的,即不同的工作项目涉及不同的保障业务机构,形成不同的保障业务组织结构,使得 ILSDE 系统组织模型既可以保持相对稳定的状态,还能够随工作项目而变化。根据对保障业务组织结构的分析,将各保障业务机构的角色提取出来,形成层次化的装备使用过程 ILSDE 角色模型(图 3-4),为进一步明确系统功能和保障业务的执行者以及系统功能建模提供支持。

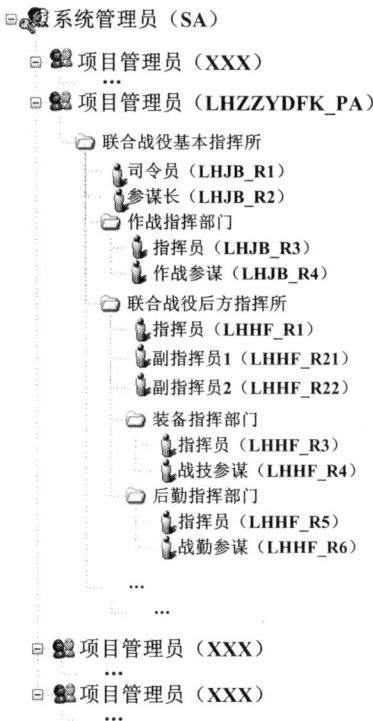

```
⊟ 🐝 系统管理员(SA)
  ⊟ 🐝 项目管理员(XXX)
      ...
  ⊟ 🐝 项目管理员(LHZZYDFK_PA)
        📁 联合战役基本指挥所
          🔧 司令员(LHJB_R1)
          🔧 参谋长(LHJB_R2)
        📁 作战指挥部门
          🔧 指挥员(LHJB_R3)
          🔧 作战参谋(LHJB_R4)
        📁 联合战役后方指挥所
          🔧 指挥员(LHHF_R1)
          🔧 副指挥员1(LHHF_R21)
          🔧 副指挥员2(LHHF_R22)
          📁 装备指挥部门
            🔧 指挥员(LHHF_R3)
            🔧 战技参谋(LHHF_R4)
          📁 后勤指挥部门
            🔧 指挥员(LHHF_R5)
            🔧 战勤参谋(LHHF_R6)
          ...
          ...
  ⊟ 🐝 项目管理员(XXX)
      ...
  ⊟ 🐝 项目管理员(XXX)
      ...
```

图 3-4　装备使用过程 ILSDE 角色模型

3.2　ILSDE 系统功能建模

功能建模是为了进一步细化和描述装备使用过程 ILSDE 系统功能的组成和逻辑关系,为 ILSDE 系统设计和实现提供支持。根据第 1 章对建模方法的分析和研究,这里主要采用 UML 基于用例的建模方法进行系统功能建模。

3.2.1　基于用例的功能建模方法

用例是指可以被参与者感受到的、系统的一个完整的功能。基于用例的功能模型主要由用例、用例描述和用例图组成,用来描述系统的外部特征,即从系统外部用户(参与者或角色)的观点看系统应该具备什么功能以及相互关系。由此,可以将装备 ILSDE 作为一个系统,通过识别参与者、确定用例及相互关系来建立其功能模型。

1. 明确系统

系统是用例模型的一个组成部分,其边界表明了所构建用例模型的应用范围,根据系统边界就能确认哪些内容是需要系统处理的,哪些内容是需要与系统交互的外部事物处理的。ILSDE 是一个面向装备使用过程综合保障工作的系统,包含了支持数据使用和操作的管理、控制、集成等一系列功能。由此可以确定 ILSDE 的系统边界,即 ILSDE 主要处理和执行装备使用过程的综合保障业务流程、活动及功能,同时需要与装备全寿命过程综合保障相关系统进行交互。系统边界的确定将为识别参与者提供依据。

2. 识别参与者

参与者是指与系统交互的人或其他系统,它代表外部实体。作为外部用户与系统发生交互作用,这是参与者的基本特征。参与者由系统边界所决定,即需要考虑位于系统外部并和系统打交道的对象,这些对象既包括系统的使用者,也包括和系统发生关系的位于系统外部的软件或硬件系统。对于 ILSDE,其参与者除了系统管理员、项目管理员外,还有各保障业务机构中承担不同职责的人员,如图 3-4 所示(角色模型)的司令员、参谋长、主任、战技参谋、作战参谋等。此外,从集成或交互的角度看,ILSDE 参与者还包括需要获取其内部数据的现有软件应用系统。需要注意的是,ILSDE 中一个实际用户可能对应系统的多个参与者(不同的角色),不同的用户也可以只对应于一个参与者(一个角色),从而代表同一参与者的不同实例。

3. 确定用例及关系

用例代表用户可见的功能,并实现具体的用户目标,明确系统具有哪些功能是确定用例的关键。此外,要注意把握用例的粒度,完整的用例可大可小,其粒度取决于系统的复杂程度,通常可以分层次来建立用例模型。对于 ILSDE,其主要功能为管理、控制和集成,因此管理功能、控制功能和集成功能就可以作为系统顶层用例。

用例之间存在一定的关系,主要分为包含和扩展关系:

包含关系——如果在若干用例中有某些相同的动作,则可以把这些相同的动作提取出来单独构成一个用例(称为抽象用例),当某个用例使用该用例时,就好像这个用例包含了抽象用例中的所有动作。在 UML 中使用带有 << include >> 的依赖关系来表示"包含关系"。

扩展关系——当某个用例由于需要附加一个用例来扩展或延伸其原有功能时,附加的扩展用例与原有基本用例之间的关系称为扩展关系。在 UML 中使用带有 << extend >> 的依赖关系来表示"包含关系"。

基于用例的功能模型可以通过用例图加以描述。用例图展示了用例之间,以及用例和参与者之间的关联关系,更清晰地反映系统的功能逻辑。按照上述建模的基本过程,图 3 - 5 给出了基于用例的装备使用过程 ILSDE 顶层功能模型,其中系统管理员、项目管理员分别通过管理、控制和集成功能,使综合保障业务人员能够依托 ILSDE 正确实施保障业务功能,以确保各项装备综合保障工作的完成。下面将结合系统功能需求,利用用例及其关系,对顶层功能进一步细化,构建基于用例的 ILSDE 系统功能模型。

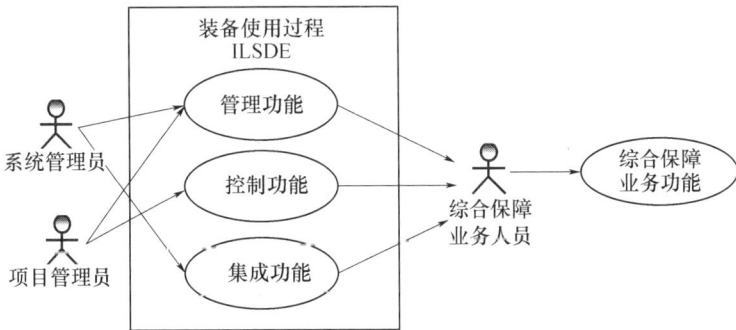

图 3 - 5　基于用例的 ILSDE 顶层功能模型

3.2.2　ILSDE 系统功能模型

对功能需求分析所确定的装备使用过程 ILSDE 系统功能进一步细化,如图 3 - 6 所示,管理功能包括工作项目管理、对象管理、数据管理,控制功能包括业务流程控制和用户访问控制。其中,对象管理主要涉及 ILSDE 对象层中的业务流程、业务活动、用户、软件工具和角色等。

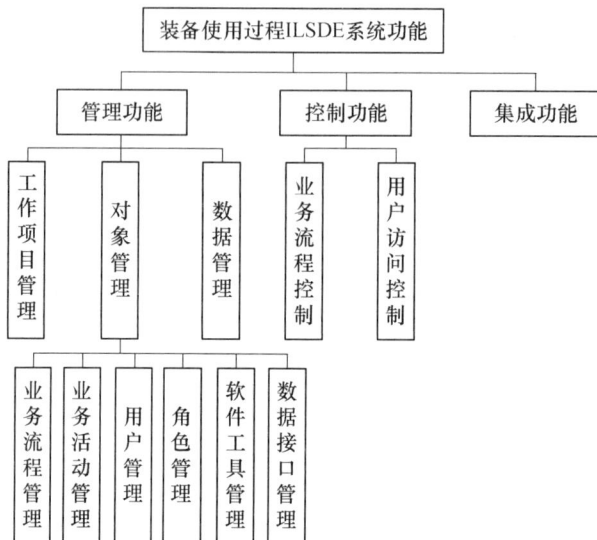

图 3 - 6   装备使用过程 ILSDE 系统功能组成

3.2.2.1   管理功能

1. 工作项目管理

在装备使用过程 ILSDE 中,工作项目包含了相应的保障业务流程、活动和功能,代表了某一项具体的综合保障工作,因此,可以以工作项目为单位对综合保障数据的使用和操作进行组织和管理。如图 3 - 7 所示,项目管理的参与者为系统管理员和项目管理员,系统管理员负责项目的创建和维护,主要用例包括:

(1)"项目创建",对工作项目进行新建、修改、保存等操作。

(2)"编辑基本信息",即对工作项目的基本信息(如项目名称、基本描述、状态等)进行创建和修改。

(3)"选择业务流程",即选择与项目对应的业务流程,业务流程由一系列业务活动组成。"选择业务流程"是对"业务流程管理"的扩展 << extend >> ,扩展点为所选择的业务流程已经创建。

(4)"确定项目管理员",即为工作项目指定管理员,负责项目的运行和监

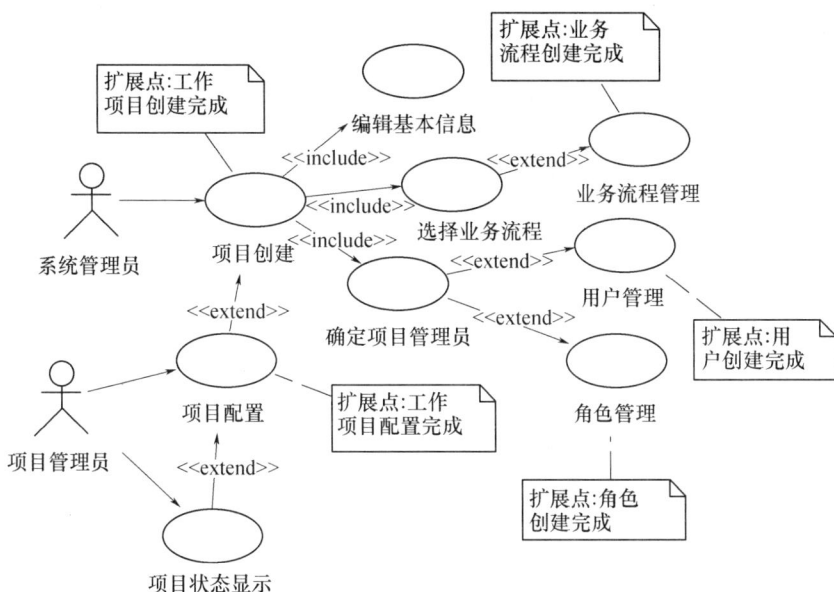

图 3 - 7 工作项目管理功能模型

控。"确定项目管理员"是对"用户管理""角色管理"的扩展 << extend >>。

"编辑基本信息""选择业务流程""确定项目管理员"都包含 << include >> 于项目创建。

项目管理员由系统管理员结合工作项目创建,负责项目初始化并监视其运行状态,主要用例包括:

(1)"项目配置",用于设定工作项目执行的初始条件以及所需的软件工具、角色等,如"联合作战装备综合保障分析与评价"执行前必须给出任务主题、建立顶层指挥所及相关角色等。

(2)"项目状态显示",在工作项目执行过程中,显示其对应业务流程及活动的状态、所使用的软件工具和涉及的用户。

2. 对象管理

对象管理主要包括业务流程、业务活动、用户、角色、软件工具、数据接口管理。

1)业务流程管理。工作项目的实施主要通过业务流程的运行来实现。如图 3 - 8 所示,业务流程管理的参与者为系统管理员和项目管理员。系统管理员

负责业务流程创建和维护,主要用例包括:

(1)"业务流程创建",对业务流程进行新建、修改、保存等操作。

(2)"编辑流程信息",定义和修改业务流程的基本信息(如流程名称、基本描述等)。

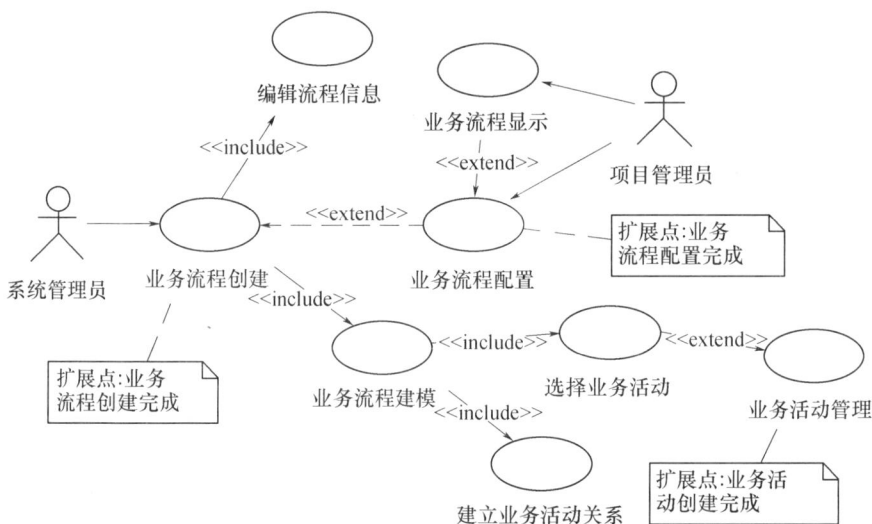

图 3-8　业务流程管理功能模型

(3)"业务流程建模",按照一定逻辑关系建立由业务活动组成的流程模型,包括用例"选择业务活动"和"建立业务活动关系",其中"选择业务活动"是对"业务活动管理"的扩展 << extend >> 。

项目管理员负责业务流程的配置和显示,主要用例包括:

(1)"业务流程配置",主要对业务流程执行所需要的角色、软件工具、数据接口等进行选择,是对"业务流程创建"的扩展 << extend >> 。

(2)"业务流程显示",显示业务流程的运行状态,是对"业务流程配置"的扩展 << extend >> 。

"编辑流程信息""业务流程建模"包含 << include >> 于"业务流程创建"。

2)业务活动管理

如图 3-9 所示,业务活动管理的参与者为系统管理员和项目管理员,系统管理员负责业务活动创建和维护,主要用例包括:

（1）"业务活动创建"，对业务活动进行新建、修改、保存等操作。

（2）"编辑活动信息"，定义和修改业务活动的基本信息（如活动名称、基本描述等）。

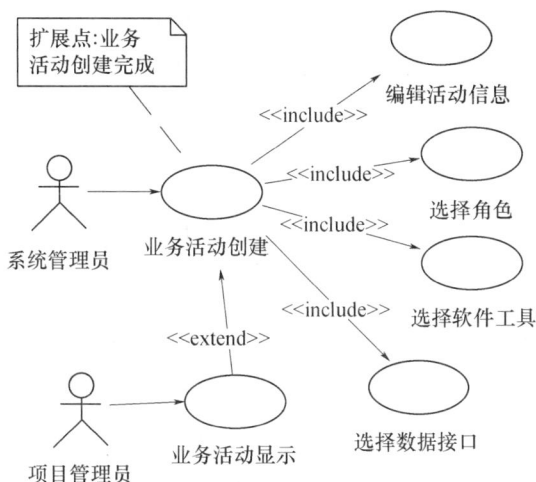

图 3 - 9　业务活动管理功能模型

（3）"选择角色"，确定执行业务活动的用户角色，如"联合作战装备综合保障分析与评价"中的参谋长、作战参谋、战技参谋等。选择角色需要角色管理功能的支持。

（4）"选择软件工具"，确定执行业务活动相关功能所需的软件工具，如"联合作战装备综合保障分析与评价"中系统建模的执行，需要使用软件工具——任务系统建模、保障对象系统建模和保障系统建模。选择软件工具需要软件工具管理功能的支持。

（5）"选择数据接口"，根据角色以及软件工具所要完成的功能来选择相应的数据接口，以确定操作的数据对象及其属性。选择数据接口需要数据接口管理功能的支持。

项目管理员负责业务活动的状态显示，即通过"业务活动显示"反映其运行状态，如就绪、正在运行、运行完成等。"业务活动显示"是对"业务活动创建"的扩展 << extend >>。

"编辑活动信息""选择角色""选择软件工具""选择数据接口"都包含 << include >> 于业务活动创建。

3）用户管理

用户是业务活动的具体执行者,用户管理主要是进行用户及相关信息的创建和维护,如图 3 - 10 所示,其参与者为系统管理员,主要用例包括:

(1)"用户创建",对用户进行新建、修改、保存等操作。

(2)"编辑用户信息",定义和修改用户的基本信息(如用户姓名、职务、所属部门等)。

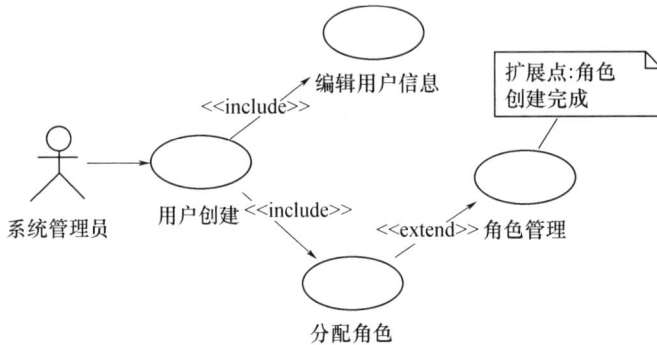

图 3 - 10　用户管理功能模型

(3)"分配角色",用于指定用户的角色,如参谋长、作战参谋、战技参谋等,一个用户可以分配多个角色,角色的分配表示用户具有了执行相应业务功能、操作相关数据的权限。"分配角色"是对"角色管理"的扩展 << extend >>。

"编辑用户信息"、"分配角色"都包含 << include >> 于"用户创建"。

4）角色管理

角色是按照所执行的业务活动和功能而对人员的分类,角色管理主要是进行角色及相关信息的创建和维护,如图 3 - 11 所示,其参与者为系统管理员,主要用例包括:

(1)"角色创建",对角色进行新建、修改、保存等操作。

(2)"编辑角色信息",定义和修改角色的基本信息(如角色名称、基本描述等),如"联合作战装备综合保障分析与评价"中不同层次(联合战役层、军兵种战役层、作战部队层)的参谋长、作战参谋、战技参谋等。

(3)"分配权限",用于为角色设置权限,这里的权限主要是指对数据对象的操作,如读、写、修改、删除等,一个角色可以对应多个数据对象和多种操作。

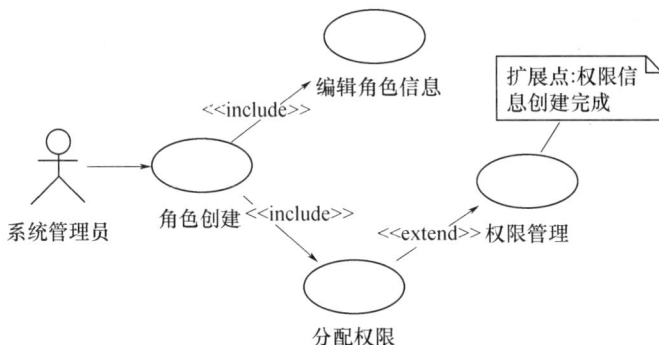

图 3 – 11　角色管理功能模型

"分配权限"是对"权限管理"的扩展 << extend >> 。

"编辑角色信息"、"分配权限"都包含于"角色创建"。

5）软件工具管理

业务活动中的功能要通过软件工具来实现,而数据的使用、产生、存储也是通过软件工具的运行来完成的。因此,软件工具是执行业务活动、访问数据的最直接体现。软件工具管理主要是在 ILSDE 中对其进行注册,如图 3 – 12 所示,其参与者为系统管理员,主要用例包括:

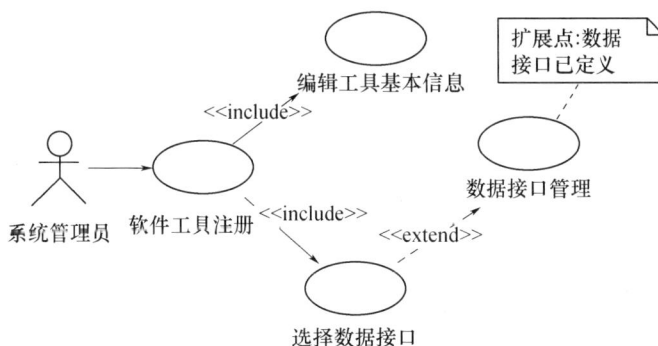

图 3 – 12　软件工具管理功能模型

（1）"软件工具注册",对软件工具进行登记注册,包括新建、修改、保存等操作。

（2）"编辑工具基本信息",定义和修改软件工具的基本信息（如软件工名称、基本描述等),如"联合作战装备综合保障分析与评价"中的想定编辑、想定审批、任务系统建模、保障对象系统建模等工具。

(3)"选择数据接口",按照角色或所要完成的业务功能,为软件工具选择所需的数据接口,由于要实现不同的功能,因此一个软件工具可以对应多个数据接口。"选择数据接口"属对"数据接口管理"的扩展 << extend >> 。

"编辑工具基本信息"和"选择数据接口"都包含 << include >> 于"软件工具注册"。

6)数据接口管理

数据接口是访问装备 ILSDE 的唯一途径或入口,按照角色和执行的业务功能来规范所要访问的数据对象及其属性、相关操作。数据接口管理主要是对数据接口及其相关信息进行创建和维护,如图 3 – 13 所示,其参与者为系统管理员,主要用例包括:

(1)"数据接口创建",对数据接口进行新建、修改、保存等操作。

(2)"编辑接口基本信息",定义和修改数据接口的基本信息(如接口名称、基本描述等)。

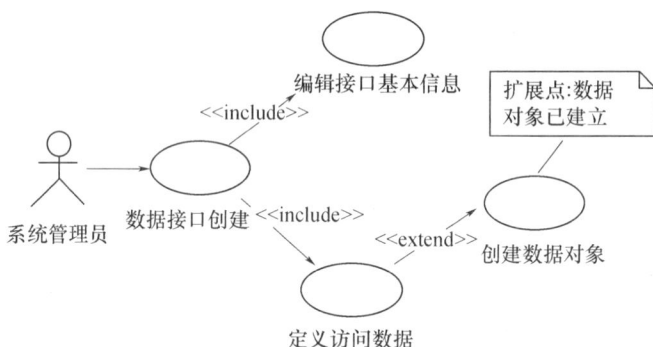

图 3 – 13　数据接口管理功能模型

(3)"定义访问数据",用于定义软件工具所要访问的数据对象及其属性、相关操作(如读、写、修改等)。"定义访问数据"是对"创建数据对象"的扩展 << extend >> 。

"编辑接口基本信息"和"定义访问数据"都包含 << include >> 于"数据接口创建"。

3. 数据管理

装备使用过程 ILSDE 中既有装备综合保障数据,又有系统数据,如工作项目数据、业务流程数据、业务活动数据等,因此数据管理主要是对上述数据进行建模、查询、确定访问权限、建立数据字典以及备份和恢复,如图 3 – 14 所示,其参与者为系统管理员,主要用例包括:

(1)"创建数据对象",主要是将综合保障数据映射为相应的数据对象,以便于分配权限、建立数据接口。

(2)"权限管理",按照角色来设置对所访问数据对象的操作,如读、写、修改等。

(3)"数据查询",可以按照给定的关键词来检索所需要的综合保障数据或系统数据。

(4)"数据字典管理",主要是对某些数据,如角色名称,进行规范并以字典的形式存储于数据库中,以便在 ILSDE 系统运行、管理配置时使用。

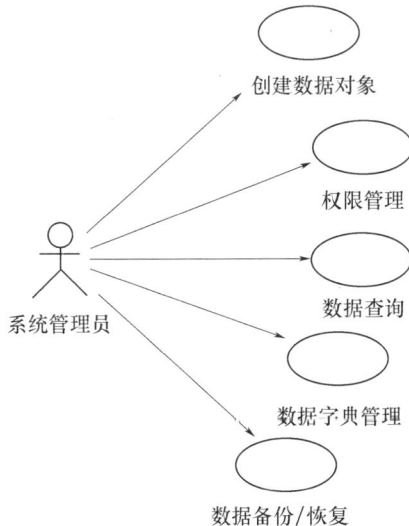

图 3 – 14　数据管理功能模型

(5)"数据备份/恢复",可以按照时间、按照综合保障数据分类(如装备数据、任务数据等),或按照 ILSDE 系统数据分类(如工作项目数据、业务流程数据等),对数据进行定期的、定制的备份和恢复。

3.2.2.2 控制功能

1. 用户访问控制

用户通过运行软件工具完成业务活动相关功能来实现数据的使用、产生和存储,因此在 ILSDE 中,用户访问不仅与用户的身份和权限有关,还涉及相关的软件工具和业务活动。用户访问控制主要是由项目管理员启动业务流程,通过控制引擎验证用户身份、检查软件工具和业务活动,如图 3 – 15 所示,其参与者为项目管理员,主要用例包括:

(1)"业务流程运行",是用户访问控制的前提,通过控制引擎对用户身份的验证、软件工具及业务活动的检查,总是伴随业务流程的运行展开的。

(2)"用户身份验证",主要检查用户是否注册、是否分配了相应的角色(具有相匹配的权限),以决定其是否能执行相应的操作。"用户身份验证"是对"用户管理"的扩展 << extend >> 。

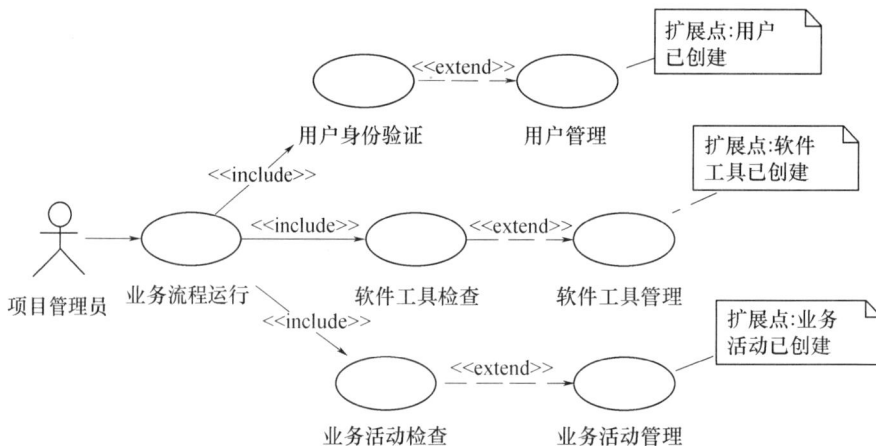

图 3 – 15 用户访问控制功能模型

(3)"软件工具检查",主要检查其所需要的数据是否存在,以决定软件工具能否运行。"软件工具检查"是对"软件工具管理"的扩展 << extend >> 。

(4)"业务活动检查",主要检查是否为业务活动分配了角色、软件工具、数据接口,以决定业务活动的各种功能能否被执行。"业务活动检查"是对"业务活动管理"的扩展 << extend >> 。

"用户身份验证""软件工具检查"和"业务活动检查"都包含 << include >> 于"业务流程运行"。

2. 业务流程控制

业务流程决定了数据的流向,对实现数据使用和操作的有序性、合理性具有重要影响。业务流程控制主要由项目管理员启动业务流程,通过控制引擎检查业务活动状态及关系,如图 3 - 16 所示,其参与者为项目管理员,主要用例包括:

(1)"业务流程运行",是业务流程控制的前提,通过控制引擎对业务活动状态及关系的检查,总是伴随业务流程的运行展开的。

(2)"业务活动状态检查",主要根据相应的条件和规则来确定业务活动所处状态(就绪、等待、正在运行、完成),为控制业务活动的运行关系提供依据。

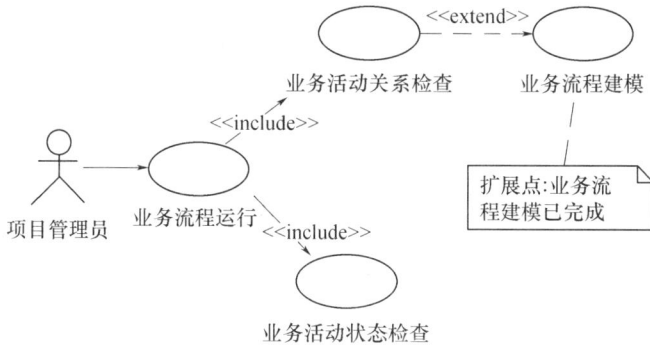

图 3 - 16　业务流程控制功能模型

(3)"业务活动关系检查",按照业务流程模型所确定的逻辑关系对各个业务活动进行控制,以保证业务流程能够有序运行。"业务活动关系检查"是对"业务流程建模"的扩展 << extend >>。

"业务活动状态检查"和"业务活动关系检查"都包含 << include >> 于"业务流程运行"。

这里应注意,控制引擎的实现需要对 ILSDE 系统控制机制、方法及模型进行深入研究。

3.2.2.3　集成功能

当一些相对独立的现有或遗留软件应用系统需要与装备 ILSDE 进行交互

时,可以利用其集成功能来实现,集成方式为接口交换,主要包括应用系统注册、定义访问权限、定义数据接口以及数据转换。如图 3 – 17 所示,其参与者为系统管理员,主要用例包括:

(1)"软件系统集成",实现综合保障现有软件系统或工具与装备使用过程 ILSDE 的交互。

(2)"系统注册",主要是将被集成的软件应用系统首先在 ILSDE 中登记,以便于系统识别。

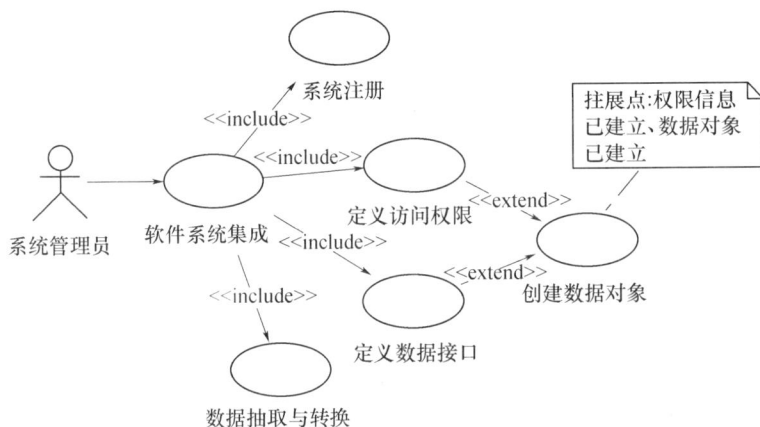

图 3 – 17　集成功能模型

(3)"定义访问权限",以授予权限的方式为软件应用系统指定所需要的数据对象及相关操作,确保软件应用系统的数据访问能够在规定的范围内。定义访问权限需要权限管理功能的支持。"定义访问权限"是对"创建数据对象"的扩展 << extend >>。

(4)"定义数据接口",主要确定软件应用系统所访问的数据范围,即要获取所指定数据对象的哪些属性(或字段),这些数据将被定义在数据接口中。定义数据接口同时需要数据接口管理功能的支持。"定义数据接口"是对"创建数据对象"的扩展 << extend >>。

(5)"数据抽取与转换",当数据格式不一致或系统存在异构时,通过数据转换使不同格式的数据统一标准,以完成数据的交换与共享。

"系统注册""定义访问权限""定义数据接口"和"数据转换"都包含 << in-clude >> 于"软件系统集成"。

3.3　ILSDE 系统数据建模

数据建模是为了详细说明信息系统需求而进行的描述系统信息结构和捕获业务规则的过程,其目的是将数据转换为有效信息。本节主要是对 ILSDE 系统数据进行建模,即通过对组织模型、系统功能模型的进一步分析和抽象,建立系统概念和逻辑数据模型,并为 ILSDE 系统数据库的设计提供依据和支持。

3.3.1　数据建模概述

3.3.1.1　基本概念

数据不同于信息,是为了反映客观事物而记录下来的符号(数字、文字、图表等),数据只有经过分类、整理和分析后才能成为表示系统需求的有用信息。数据模型是对信息系统中客观事物及其联系的数据描述,它是复杂数据关系之间的一个整体逻辑结构图。数据模型一般分为概念数据模型、逻辑数据模型和物理数据模型。

概念数据模型(Conceptual Data Model):对整个业务信息(如业务流程、功能、组织及相关规则等)需求的描述,目的在于明确实际业务中所涉及的事实、理念或概念,便于用户和数据库设计人员进行语义表达和交流。概念数据模型中的基本概念主要包括实体、概念实体、关系和业务规则等。

实体:数据建模的基础,可以存储与其特征相关的信息,主要包括两种表现形式,即概念实体和逻辑实体。

概念实体:实体的一种表现形式。对概念实体的定义通常没有特殊的规则,只要有助于描述问题,并且可以提供一个描述性定义,都可以作为概念实体。由于过于笼统和概念化,概念实体通常不包含与之相关联的特征(属性)。需求分析是确定概念实体的基础,对于装备使用过程 ILSDE,功能、用户和信息需求分析是确定概念实体的重要依据。

关系:实体之间的逻辑链接。按照实体之间的对应关系,通常可分为一对一(One to One,$1:1$)、一对多(One to Many,$1:n,n\geq2$)、多对多(Many to Many,$m:n,m\geq0,n\geq0$)、递归等关系。

业务规则:反映了信息系统所描述对象的特殊的数据完整性约束,实体的动态特性以及相互关系就是通过业务规则(动词短语方式)来描述的。

逻辑数据模型(Logical Data Model):人们依据计算机物理存储的要求,将概念数据模型进行转化,形成逻辑表达结果的一种数据模型。对概念数据模型的转化实际上就是对概念实体及关系的进一步细化,虽然逻辑模型还不是真正的数据库,但其已经具有了数据库的逻辑结构。除了实体和关系外,逻辑数据模型中还包括了属性、键、域等概念。

逻辑实体:也是实体的一种表现形式,逻辑模型中实体表示数据集合。除了名称和良好定义外,逻辑实体还具有反映其特征的属性,逻辑实体是设计物理模型中表的依据。随着概念实体的属性逐步明确,它们将转化为逻辑实体。

属性:描述实体的状态和特征,以数字、字符、文本、声音、图形或图像等形式存在,组合起来成为实体的某个实例。

键:用于唯一确定逻辑实体中实例的一个属性或者多个属性,或者是实体的一部分,或者与另一个实体有关。键可分为主键(Primary Key)、外键(Foreign Key)等。

域:用来表示属性的取值范围,域定义后可以被多个实体的属性共享使用,并使不同实体中的属性标准化。

物理数据模型(Physical Data Model):逻辑数据模型在具体数据库系统上的实现,是面向计算机物理表示的数据模型。物理数据模型将实体、属性和关系分别转化为表、列以及各种约束。

表:数据库中用来保存信息的一种数据结构,也是对数据进行组织的文件结构。与实体不同,表是实体的物理等价物,是包含于实体中的逻辑定义的物理实现。

列:组成表的基本元素,一个表由多个列组成,每个列都有一个数据类型。

约束:为保持数据库中数据的完整性而进行的检查和限制,如唯一性约束、主键约束以及插入、删除和修改数据的检查。

3.3.1.2 数据建模过程

由数据模型的基本概念可以看出,概念数据模型→逻辑数据模型→物理数据模型是对系统数据逐步细化和抽象的过程,这也正是数据建模的基本过程,如

图 3-18 所示。建立概念数据模型和逻辑数据模型是为了充分了解和掌握业务需求,为建立物理数据模型提供支持;当系统较为简单时,可直接建立物理数据模型。

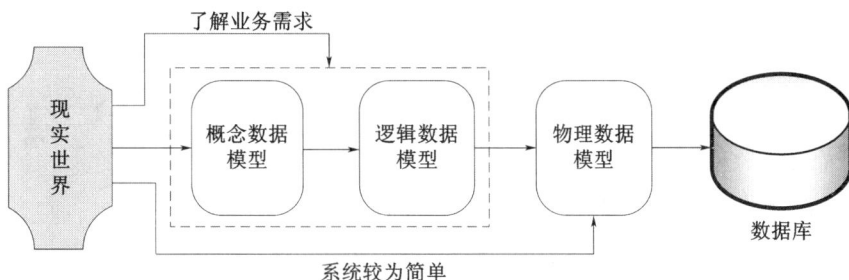

图 3-18 数据建模基本过程

1. 建立概念数据模型

概念数据建模用来捕获业务活动中的数据规则,记录对数据产生的影响、数据的使用方式以及数据将来的用处,发现和分析业务组织和用户的数据需求,明确哪些数据是重要的。概念建模是数据建模的起点。

(1)确定概念实体。从系统顶层出发,以迭代方式对业务流程、功能、组织分析并逐步细化、求精,从上至下理解不同层次业务的相互关系,深入了解数据使用环境,更好地理解数据的重要性,从业务流程、功能、组织中提取重要元素并给出单一名称及良好定义,从而综合为概念实体。

(2)确定概念实体之间的关系。概念实体关系可以用动词短语来描述,这些动词短语注释了一个概念实体对另一个概念实体的影响,实体关系是对业务规则的反映。由于概念数据模型处于一个比较高的层次,其实体关系并不是数据集之间的关系,而是概念之间的关系。由于概念实体中没有属性、键,也没有任何连接字段,因此在概念数据模型中只能看到实体与关系,同时要注意业务规则方面的限制和约束。

2. 建立逻辑数据模型

逻辑数据建模是对概念数据模型细化和完善的过程,进一步确认对顶层业务需求的理解,将概念层实体关系转化为记录更多信息的数据逻辑关系。

(1)确定逻辑实体。在检查和确认概念模型基础上,反复分析概念实体的定义,并按照概念实体之间形成的某一主题域(概念数据模型的子域)来确定更为具体的逻辑实体。

（2）确定属性及各种键。除了描述性的定义外，还要为逻辑实体添加体现其特征的属性，并给出属性的定义、数据类型（域），同时按照唯一性原则选择和确定主键。被选为主键的属性或属性组必须具有以下特征：唯一标识一个实例；永远不包含空值；始终不改变；便于索引和查询。

（3）关系确认与细化。确认概念实体之间的关系，再此基础上标识和定义逻辑实体间的基本连接关系。逻辑数据模型中的关系是由一个实体的主键与其他实体的外键链接而建立的。需要注意的是，多对多关系应进行分解，通过引入交叉实体（解决实体之间多对多关系问题的附加实体）将一个多对多关系转换成两个一对多关系。

3. 建立物理数据模型

物理数据建模是从逻辑模型到物理模型的转换过程，其目标是构建数据库对象。物理数据建模首先是将逻辑实体转变为表，将属性变为列。此外，还要对命名标准、数据类型及相关约束进行检查。

（1）创建表。根据逻辑实体的描述性文字，对表的名称进行命名；将属性转化为列，定义列的名称、数据类型、长度及相关约束；逻辑实体之间的关系被转换为表之间的约束。伴随表的创建，根据需要还要定义相应的键、触发器、存储过程、规则、索引及检查约束等。

（2）最终确定主键。对主键进行最后的确定，充分检查所选主键的合理性。通过反复检查，确定符合当前使用以及未来需要的主键。

（3）完整性检查。完整性是指数据库中数据的正确性和一致性。通过对数据库中插入、删除和修改数据进行限制和约束来实现数据的完整性。

3.3.2 ILSDE 系统数据模型

在需求分析以及系统组织、功能建模的基础上，按照数据建模的基本过程与要求，主要建立装备使用过程 ILSDE 的系统概念数据模型和逻辑数据模型，物理数据模型（数据库）将结合 ILSDE 系统设计给出。

3.3.2.1 概念数据模型

依据自上而下的分析过程，建立概念数据模型的基础是需求分析。功能需求分析明确了装备使用过程 ILSDE 的一些基本功能(用于辅助数据的正确使用和操作),如系统管理、控制和集成;用户需求分析明确了装备使用过程 ILSDE 的管理者和使用者,即系统用户、项目用户和综合保障业务用户以及相互关系;信息需求分析则明确了装备使用过程 ILSDE 系统信息的基本构成,包括组织结构信息、系统管理信息、系统控制信息和系统集成信息。由此,根据需求分析结果,确定以"系统组织""系统管理""系统控制""系统集成"为概念实体建立概念数据模型,其相关描述如表 3 - 2 所列。

表 3 - 2 装备使用过程 ILSDE 概念实体描述

概念实体	定 义
系统组织	描述 ILSDE 用户的组织方式及相互关系,特别是按照人员职责所确定的角色及权限。系统用户如系统管理员、项目管理员;综合保障业务用户如作战参谋、战技参谋等
系统管理	描述 ILSDE 系统管理所涉及的对象及相关操作,如项目、业务流程、业务活动、软件工具等
系统控制	描述 ILSDE 系统控制所涉及的对象及相关操作,并通过用户访问控制、业务流程控制来体现
系统集成	描述需要直接集成于 ILSDE 的软件应用系统(工具)及其属性

图 3 - 19 为装备使用过程 ILSDE 系统概念数据模型,"系统组织"反映了用户的层次及关系,并通过角色和权限来体现;"系统管理"反映了系统管理功能的范围,不仅包括角色和权限,还涉及项目、业务流程、业务活动等;"系统控制"涉及用户访问控制、业务流程控制,反映了系统的控制对象和相关操作。"系统组织"分别执行"系统管理""系统控制""系统集成"功能。由于系统管理员可以管理不同的工作项目以及业务流程等对象,"系统组织"与"系统管理"为一对多关系;项目管理员可以控制本工作项目范围内不同的对象,"系统组织"与"系

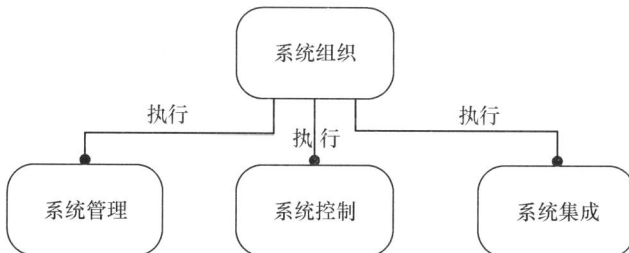

图 3 - 19 装备使用过程 ILSDE 系统概念数据模型

统控制"也为一对多关系;系统管理员负责集成不同的软件应用系统或工具,"系统组织"与"系统集成"为一对多关系。

3.3.2.2 逻辑数据模型

系统组织和功能建模是建立装备使用过程 ILSDE 系统逻辑数据模型的重要依据。组织建模明确了装备使用过程 ILSDE 层次化的组织结构,构建了由系统用户、项目用户和综合保障业务用户组成的角色模型,确定了功能的执行主体;通过功能建模进一步细化和明确了装备使用过程 ILSDE 系统管理、控制和集成功能的组成及关系,如工作项目管理、业务流程等对象管理、用户访问控制、业务流程控制等。根据图 3-19 中的概念实体及相互关系,结合系统组织、功能模型,确定工作项目、业务流程、业务活动等逻辑实体。

1. 工作项目

在装备使用过程 ILSDE 中,主要以工作项目为单位对综合保障数据的使用与操作进行组织与管理。工作项目代表了一项具体的综合保障工作,包含一个或多个业务流程,以及相应的业务活动和功能,是 ILSDE 系统管理的主要对象。作为逻辑实体,工作项目是对综合保障工作的归纳和抽象,并利用其属性如项目基本描述、业务流程、执行初始条件等,来记录综合保障工作信息。

2. 业务流程

工作项目的实施主要是通过业务流程的运行来实现,即通过业务流程,工作项目分解和转化为可执行并相互关联的业务活动,此外,业务流程还决定了数据的流动方向,因而成为 ILSDE 系统管理和控制的主要对象。作为逻辑实体,业务流程既要体现其所包含的业务活动及关系,又要为系统管理和控制提供信息或数据支持,其相关属性包括标识(ID)、名称、与工作项目的关系等。

3. 业务活动

业务活动的执行涉及不同角色的用户,同时包含不同的保障业务功能,而这些功能是通过用户利用相应的软件工具和数据接口来实现的。用户对数据的使用和操作总是伴随业务流程及活动进行的,即业务活动与用户访问具有密切的关系。因此,必须明确业务活动所需角色、所使用的软件工具及数据接口,使得数据的使用和操作符合业务要求和规范。为业务活动分配角色、软件工具和数据接口,实际上就是对业务活动所包含任务或功能的划分和分配。作为逻辑实体,业务活动的相关属性包括标识、名称、与业务流程及角色的关系等。

4. 用户

用户是可以独立访问系统数据或以数据方式表示的其他资源的实体,这些实体可以组成用户集合。综合保障工作涉及多种类型的用户,不同的用户可以行使不同的功能,随着计算机网络的发展以及综合保障工作分工的不断细化,数据的交互、共享要求越来越突出,因此,必须对访问权限进行控制,以保证数据的安全性和一致性。作为逻辑实体,用户的相关属性包括标识、名称、与角色的关系等。

5. 角色

为了对用户进行分类管理,可以将从事相同或相似工作的用户归为一类,并赋予一定的角色。角色表示业务执行过程中特定工作的承担者,它代表一种权利或权限。在系统组织建模中已经给出了 ILSDE 角色模型(图 3 - 4),例如,联合战役基本指挥所中的角色有司令员、参谋长,他们负责本层想定的审批;作战指挥中心的作战参谋则负责本层想定的编制。按角色进行的人员组织有利于明确工作职责,便于任务分配,使权限控制能够扩散到拥有该角色的所有业务人员。由于按职责分配权限,因此通过角色可以更好地控制用户的数据访问权限。作为逻辑实体,角色的主要属性包括标识、名称、与用户、业务活动及权限的关系等。

6. 权限

根据用户的需求和职责,权限一般可分为实体性权限和功能性权限,实体性权限是指授予权限主体一个具体的数据对象相应的操作许可,如进行保障对象系统建模时,需要使用装备的 RMS 等属性信息,因此应赋予建模人员相应的读取权限;功能权限则是为了满足用户职责而赋予权限主体某种功能以完成保障业务工作,如作战参谋要编制想定而具有想定编辑权,司令员和参谋长则具有想定审批的权限。这些权限可以通过操作相应的软件工具及数据接口来实现。因此,无论是实体性权限还是功能性权限,最终也要体现为对数据对象的读(R)、写(W)、删除(D)、修改(U)、复制(C)等操作。作为逻辑实体,权限的主要属性包括标识、名称、数据对象(Data Object)及操作(R,W,D,U,C)等。

7. 软件工具

用户对数据的操作、使用以及保障业务功能的执行主要是通过软件工具或系统来实现的。软件工具既是一种资源,又是实现业务功能的重要手段,是功能性权限的主要体现,以及用户权限的组成部分,因此,在装备使用过程 ILSDE 中软件工具也是用户访问控制研究的主要对象。作为逻辑实体,软件工具的主要属性包括标识、名称、与业务活动及数据接口的关系等。

8. 数据接口

数据接口(Data Interface)为用户操作和使用数据提供了单一访问入口,是装备使用过程 ILSDE 的重要组成部分,也是保证数据完整性和一致性的关键。数据接口主要与软件工具对应,描述软件工具所要访问的数据对象及其属性。作为逻辑实体,数据接口的主要属性包括标识、名称、所要访问的数据对象(Data Object)及其属性(是否为关键输入)等,其中、关键输入(Key Input)是影响软件工具运行的重要数据,也是软件工具进行控制的主要标识。

由于不同角色的用户可以使用同一软件工具,因此数据接口成为规划不同角色用户数据需求的重要依据。数据接口的定义与用户使用软件工具所要完成的保障业务功能有关,一个软件工具对应不同的数据接口,使用户按照定义的接口来使用和操作数据,如图 3 - 20 所示,联合战役作战指挥部门的指挥员、作战参谋和防空旅作战指挥部门的指挥员、作战参谋虽然都使用"编制想定"这一软件工具,但通过分别调用接口 1、接口 2、接口 3、接口 4 来编辑和审批各自的作战想定。

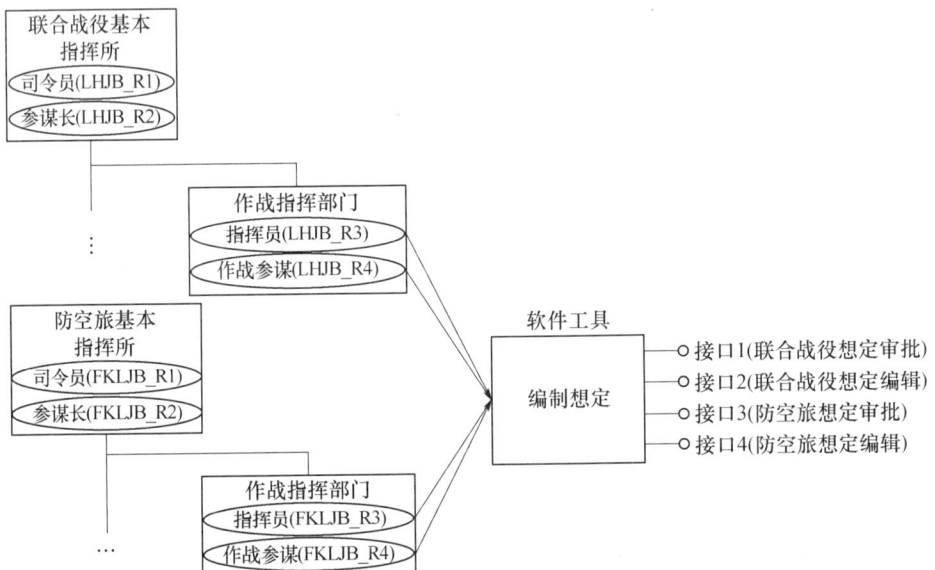

图 3 - 20 角色、软件工具及数据接口关系实例

工作项目、业务流程等逻辑实体在 ILSDE 系统管理与控制中具有非常密切的关系(图 3 - 21)。作为核心部分,一个角色也可以被赋予多个用户,一个用户也可以被赋予多个角色,用户与角色之间是多对多的关系;同样,一个角色可以具有多项权限,一项权限也可以被赋予多个角色,权限和角色之间也是多对多的关系[99]。业务活动既是用户使用和操作数据的驱动,又通过与角色进行关联实现了数据使用和操作的规范,即业务活动的各种功能必须由相关职责的人员来完成,同时,在业务流程运行过程中,同一角色的权限会随着业务活动的发生相对变化。作为用户权限的一部分,软件工具及数据接口也与角色具有多对多的关系。总之,明确上述逻辑实体的含义、属性及相互关系为建立 ILSDE 系统逻辑数据模型奠定了基础。

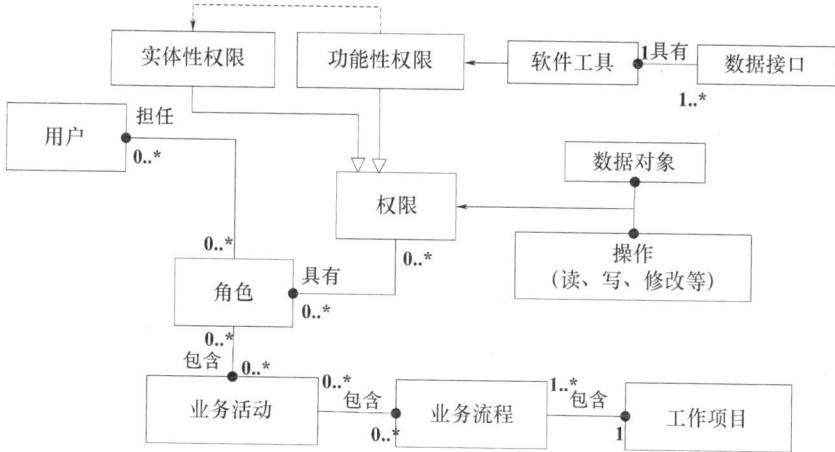

图 3 - 21　逻辑实体相互关系

利用上述逻辑实体及其关系,结合 ILSDE 功能模型,对概念实体系统组织和系统管理进行扩展和细化(系统控制还需要在第 4 章进一步研究),主要建立反映系统组织关系、工作项目管理、业务流程管理、业务活动管理、角色管理的逻辑数据模型。

图 3 - 22 为系统组织逻辑数据模型。逻辑实体"角色"既包含系统管理员、项目管理员,又包括不同的综合保障业务人员,角色的区分可以通过属性"角色类型"来反映。逻辑实体"组织机构"描述了综合保障业务机构的组成和层次关系(属性"机构层次"),通过与"角色"关联来反映不同职责保障业务人员的层次关系。此外,"组织结构"与"用户"的关联则明确了人员的所属机构。

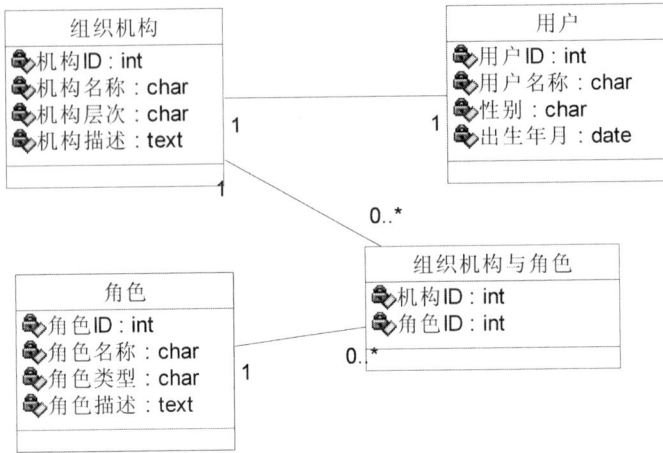

图 3-22　系统组织逻辑数据模型

　　图 3-23 为描述工作项目管理的逻辑数据模型。工作项目由系统管理员创建,要指定项目用户即项目管理员,通过逻辑实体"项目管理员"来描述;要选择业务流程,即通过逻辑实体"项目与流程"建立与业务流程的关联关系,一个工作项目可以对应多个业务流程。

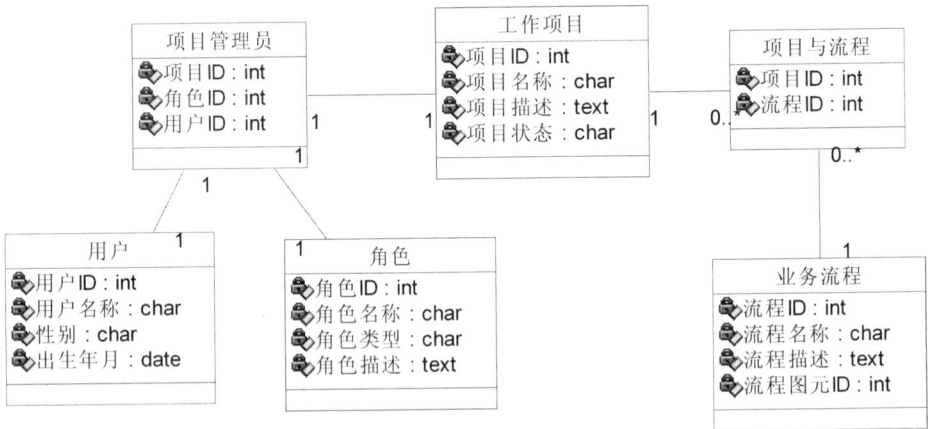

图 3-23　工作项目管理逻辑数据模型

　　图 3-24 为描述业务流程管理的逻辑数据模型。业务流程由系统管理员创建,通过业务流程建模选择业务活动并确定业务活动的关系,即逻辑实体"流程与活动"反映了业务流程与业务活动的关系,逻辑实体"活动关系"反映了流程

中业务活动的关系(属性"活动序号")。由于采用图形化的流程建模方式,一个业务流程对应一个流程图元。

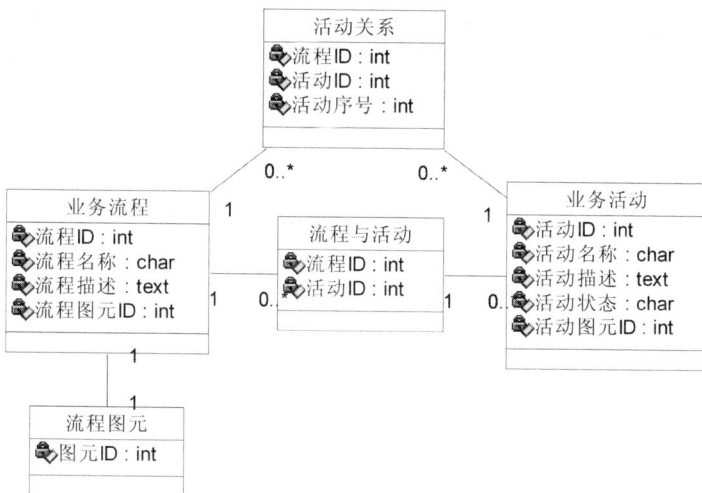

图 3 - 24　业务流程管理逻辑数据模型

图 3 - 25 为描述业务活动管理的逻辑数据模型。业务活动由系统管理员创建,通过逻辑实体"活动关联信息"建立业务活动与角色、软件工具以及数据接口的关系;业务活动配置由项目管理员完成,通过逻辑实体"活动配置信息",描述业务活动执行所需的角色、软件工具和数据接口。在进行业务流程建模时,业务活动以图元方式表示,因此一个业务活动对应一个活动图元。

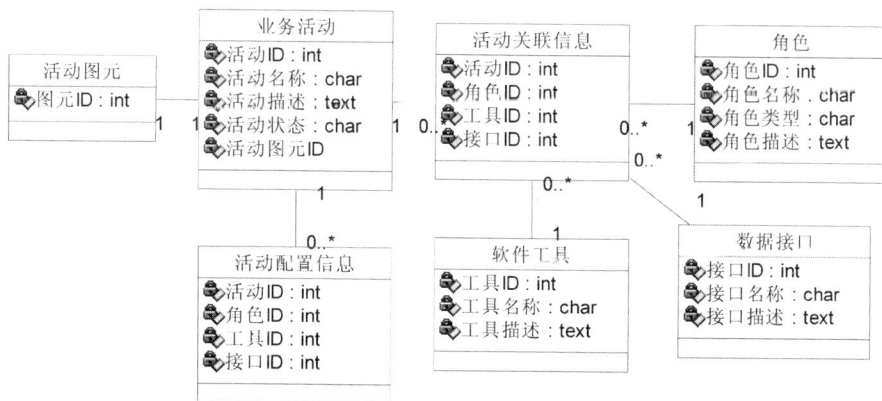

图 3 - 25　业务活动管理逻辑数据模型

图 3-26 为描述角色管理的逻辑数据模型。角色由系统管理员创建,角色具有操作不同数据的权限,通过逻辑实体"角色关联关系"建立角色与权限、数据对象的关系。

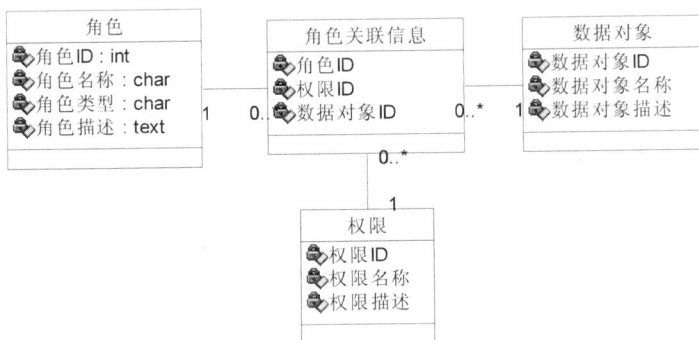

图 3-26　角色管理逻辑数据模型

此外,还可以建立描述用户管理、软件工具管理、数据接口管理等功能的逻辑数据模型,上述模型反映了 ILSDE 系统组织以及系统管理功能所涉及逻辑实体的属性及其关系。虽然这些模型可以成为系统管理功能实现的数据来源,但还不能完全支持 ILSDE 系统数据库的设计与生成,需要结合对 ILSDE 系统控制的深入研究来不断细化和完善。

3.4　模型关系

建立系统组织、功能和数据模型是装备使用过程 ILSDE 研究的基本内容。系统组织模型描述了 ILSDE 中人员的组织形式,明确了其不同层次用户的角色、权限及相互关系,同时也明确了 ILSDE 系统功能和保障业务功能的参与者或执行者。基于用例的系统管理、系统控制和系统集成功能模型,描述和反映了 ILSDE 系统功能的组成及逻辑关系,为 ILSDE 系统设计与实现提供了支持。根据建立的系统组织模型和功能模型,按照概念—逻辑—物理的方式逐步对 ILSDE 系统信息进行抽象描述,从系统组织和功能的角度,建立了 ILSDE 系统概念数据模型;对概念数据模型及实体进一步细化,抽取工作项目、业务流程等逻辑实体,并分析了它们的相互关系,构建了反映系统组织和管理功能的逻辑数据模型,为 ILSDE 系统数据库的设计提供了依据。如图 3-27 所示,组织模型明确了

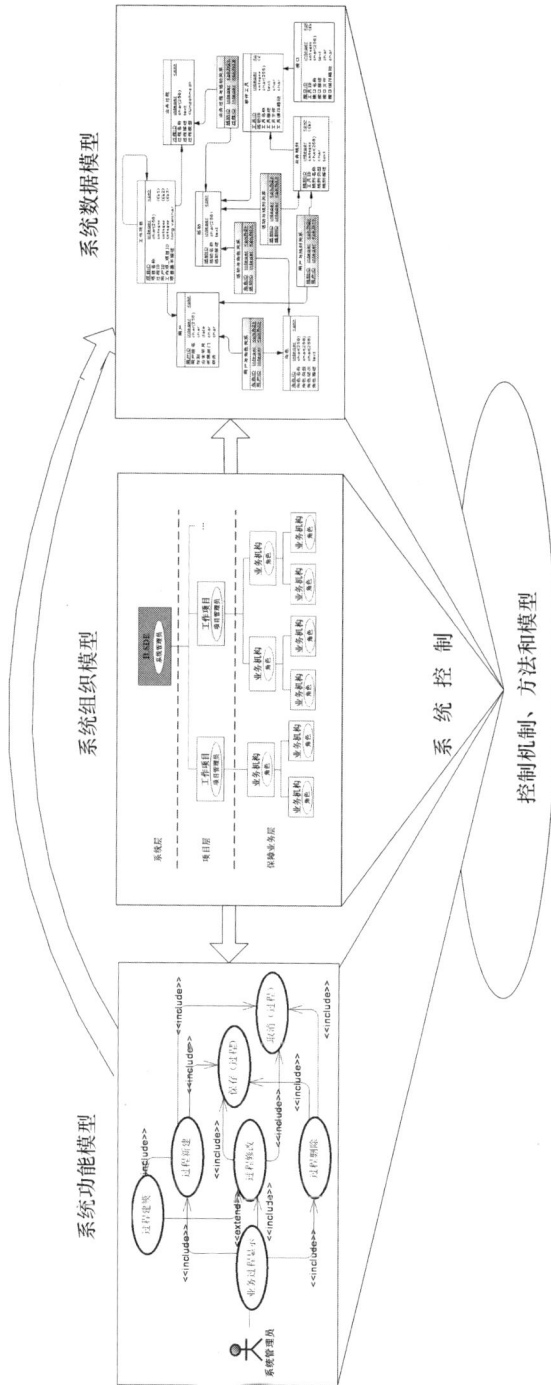

图3-27　装备使用过程ILSDE的模型关系

系统功能和综合保障业务功能的参与者,通过用户角色与功能模型关联,而组织模型和功能模型又是确定概念和逻辑实体、建立概念和逻辑数据模型并最终转化为物理数据模型(数据库)的基础。

　　系统组织模型、功能模型和数据模型相互关联,反映了装备使用过程 ILSDE 的静态结构。除了静态特征外,ILSDE 还是一个动态系统,即通过其组成要素(人员、功能和数据)之间的互动来实现系统目标。为了描述 ILSDE 的动态特征,需要进行系统控制研究,如图 3 – 27 所示,在明确控制机制、方法和模型的基础上,使 ILSDE 的人员、功能和数据等要素紧密结合、有效互动,成为一个统一的有机整体。

3.5　本章小结

　　本章在明确建模方法的基础上,从用户需求入手,结合系统组织结构,建立了基于 OU 和 BOU 的 ILSDE 系统组织模型和角色模型;对系统管理、控制和集成功能进行了细化和分析,建立了基于用例的 ILSDE 系统功能模型;根据系统信息需求,确定了概念实体和逻辑实体的组成及关系,建立了 ILSDE 系统概念和逻辑数据模型。最后,分析了 ILSDE 系统组织模型、功能模型和数据模型的相互关系。

参 考 文 献

[1] 郭宁. UML 及建模[M]. 北京:清华大学出版社, 2007.

[2] 李爱萍,王家礼,段利国. 基于 UML 的自动测试系统建模方法研究[J]. 宇航学报, 2006,(6): 1382 – 1385.

[3] 王晔,张朴睿,孙红,等. 基于 UML 的弹道导弹攻防对抗仿真系统建模研究[J]. 系统仿真学报, 2006,(10):2712 – 2729.

[4] 许晓栋,李从心. 基于 UML 的车间作业管理系统建模研究[J]. 计算机工程, 2006,(15):227 – 232.

[5] 欧阳元新,熊璋,侯亚荣. UML 活动图在工作流过程建模中的应用研究[J]. 计算机工程与设计, 2004,(9):1479 – 1481.

[6] 丁峰,邓勇,沈钧毅. UML 在业务过程再工程中的应用研究[J]. 小型微型计算机系统, 2002,(5): 603 – 605.

[7] 艾伦·数据建模基础教程[M].李化,等译.北京:清华大学出版社,2004.

第4章　装备综合保障数据环境控制研究

系统控制既是装备使用过程 ILSDE 的一项重要功能,也是其动态特征的具体体现。在需求分析以及 ILSDE 建模研究的基础上,本章主要根据控制对象及其关系,进行控制机制与方法分析和研究,建立 ILSDE 系统控制模型,并结合实例对模型进行应用,验证模型的适用性和有效性。

4.1　控制机制与方法分析

由功能需求分析可知,ILSDE 系统控制主要是针对用户访问和业务流程,根据相关的控制对象及其关系,研究和确定用户访问和业务流程的控制机制与方法,为建立 ILSDE 系统控制模型提供依据。

4.1.1　用户访问控制

综合保障工作的实施涉及不同的部门和机构,考虑数据的安全性以及便于用户访问其权限内的数据,在 ILSDE 中必须对数据的存取权限进行有效控制。针对权限操作复杂、授权方式不够灵活等问题,本书以角色为核心,以用户和业务活动为对象进行权限分配,并结合业务流程进行动态检查和监控,使用户对数据的访问既要满足其业务需求,又要控制在规定的范围内。

4.1.1.1　访问权限分配

在系统数据建模研究中,已经分析了工作项目、业务流程、业务活动、用户等实体的关系,并建立了相应的逻辑数据模型。为了对访问权限进行分配,需要进一步分析用户、业务活动、角色和权限之间的关系。如图 4 - 1 所示,一个角色和权限关联可以看作是该角色拥有的一组权限集合(包括软件工具集 Swts、数据接口集 DIs 和操作集),角色与用户关联又可以看作是若干具有相同身份的用户集合,角色与业务活动关联则明确了该业务活动执行者的身份。当以角色为核心,将用户、业务活动、权限三者关联起来,既可以确定执行业务活动的用户组成,又可以为这些用户分配权限,而分配的权限不仅仅是对数据对象的读、写和修改等操作,还包括辅助用户执行保障业务功能的软件工具及数据接口,即业务活动、角色和权限的关联,也可以看作是执行该业务活动的角色所拥有的软件工具及数据接口集合。

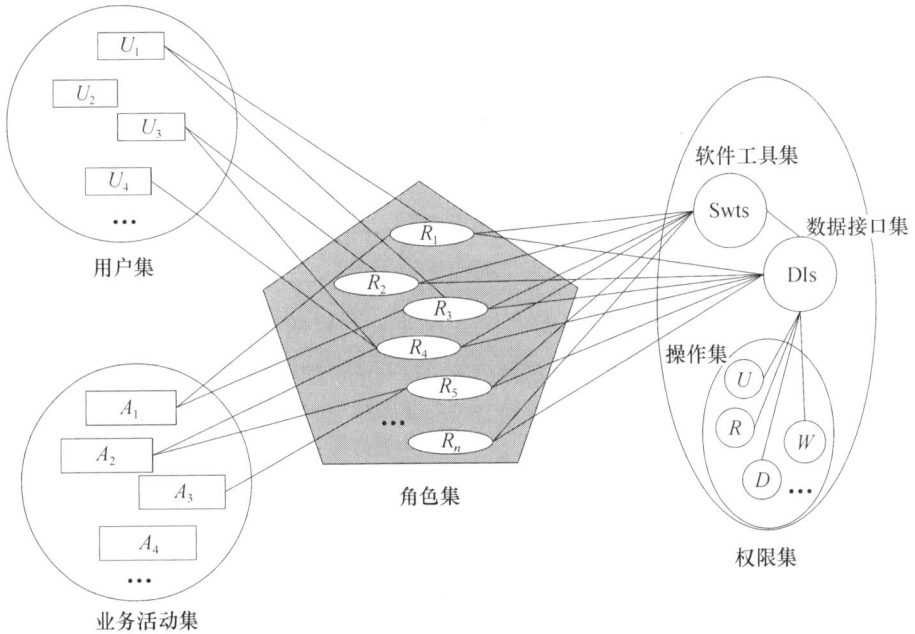

图 4 - 1　基于角色的用户、业务活动及权限映射关系

　　基于上述分析,按照业务活动、用户、角色和权限的相互关系,基于角色分别为用户和业务活动分配权限,即在进行形式化描述的基础上,建立用户权限和业务活动权限分配模型。

1. 用户权限分配模型

　　用户权限可以用一个三元组来表示,即 UA = (UA_Info, Users, Roles, Perms),其中:

　　UA_Info 描述用户权限分配的基本信息,UA_ID 为用户权限分配标识;

Users 描述用户基本信息,U_ID 为用户标识,U_name 为用户名称;

Roles 描述角色基本信息,R_ID 为角色标识,R_name 为角色名称;

Perms 描述权限基本信息,Perm_ID 为权限标识,Perm_name 为权限名称。Perms 中还包含了描述数据对象信息的 DataObjs 和操作信息的 Opers,其中 DO_ID 为数据对象标识,DO_name 为数据对象名称;Oper_ID 为操作标识,Oper_name 为操作名称(如读、写、修改等)。

图 4 - 2 为基于角色的用户权限分配模型,描述了 UA 的组成元素及相互关系。

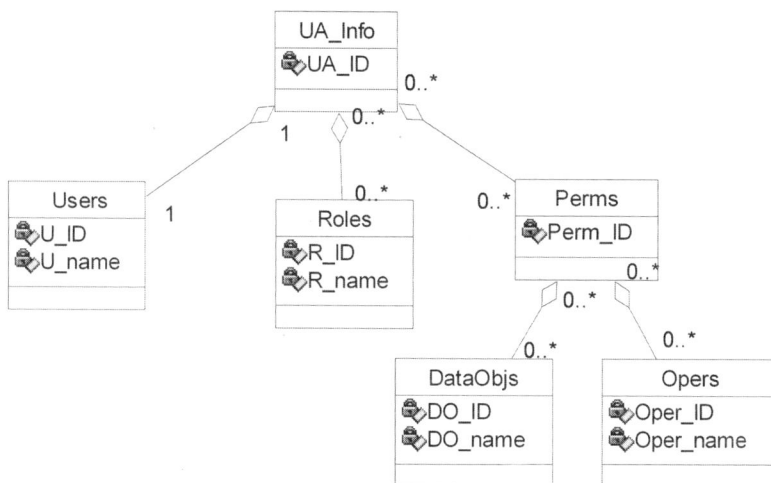

图 4 - 2　基于角色的用户权限分配模型

2. 业务活动权限分配模型

业务活动权限可以用一个六元组来表示,即 AA = (AA_Info, Acts, Roles, Swts, DIs, Perms) ,其中:

AA_info 描述业务活动权限分配的基本信息,AA_ID 为业务活动权限分配标识;

Acts 描述业务活动基本信息,Act_ID 为业务活动标识,Act_name 为业务活动名称;

Swts 描述软件工具基本信息,Swt_ID 为软件工具标识,Swt_name 为软件工具名称;

DIs 描述数据接口信息,DI_ID 为数据接口标识,DI_name 为数据接口名称。

DIs 中还包含了描述数据对象属性信息的 ObjAttrs 以及 DataObjs 和 Opers，其中 Attr_ID 为属性标识、Attr_name 为属性名称、Attr_keyinput 为关键输入标识。

AA 中 Roles 和 Perms 的含义同 UA。

图 4-3 为基于角色的业务活动权限分配模型，描述了 AA 的组成元素及相互关系。无论是 UA 还是 AA，Roles 决定了哪些数据对象可以被访问，DIs 决定了数据对象的哪些属性可以被访问。当用户角色与为业务活动分配的角色相同时，说明用户被赋予的权限与执行业务活动所需要的权限是一致的，可以利用相应的软件工具完成业务活动的相关功能。根据 UA、AA 可以生成相应的用户权限信息和业务活动权限信息，通常在业务流程及活动执行前建立，并在其执行过程中按照角色、权限的设置，对用户、软件工具、数据接口进行配置和检查。

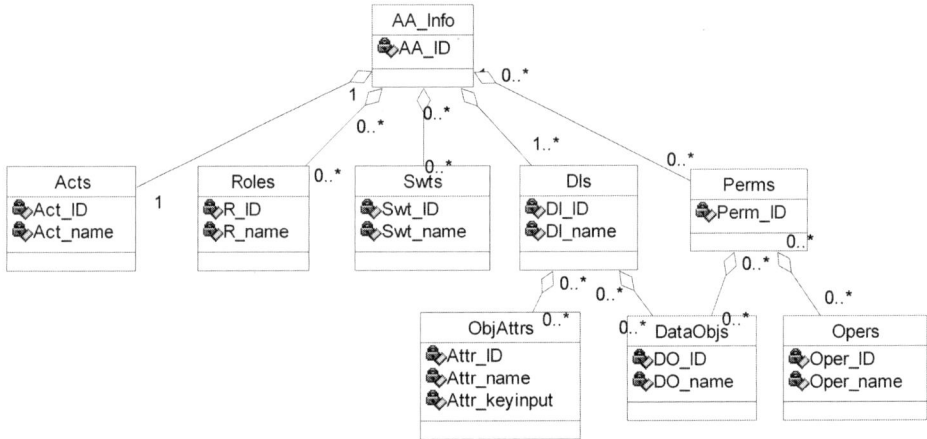

图 4-3 基于角色的业务活动权限分配模型

4.1.1.2 权限配置检查

ILSDE 用户访问控制的动态特征主要表现为伴随业务流程的运行，按照已建立的权限分配模型进行用户身份验证、业务活动授权检查，以及按照定义的数据接口检查软件工具是否可以运行。结合用户和业务活动权限分配模型，这里分别给出用户身份验证、业务活动授权检查、软件工具运行检查的基本过程，相关算法见附录。

1. 用户身份验证过程及算法

用户身份验证过程如图 4 - 4 所示,主要包括两部分:

(1) 检查用户(U_ID)是否注册。

(2) 检查用户(U_ID)是否授权,即用户与角色(R_ID)是否匹配。

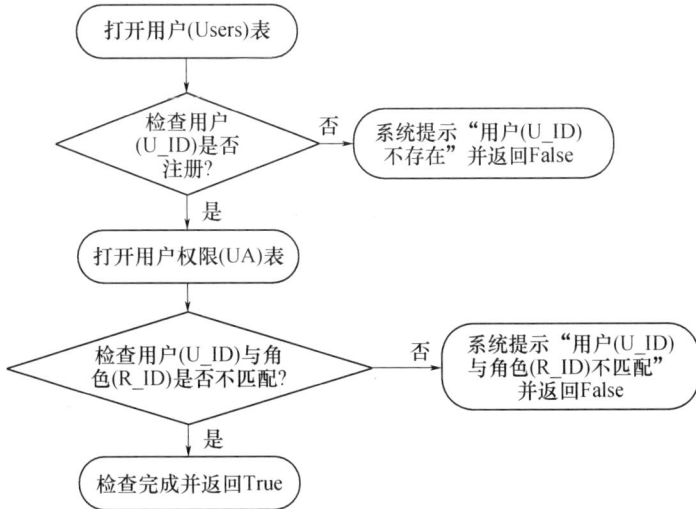

图 4 - 4　用户身份验证过程

2. 业务活动授权检查过程及算法

业务活动授权检查过程如图 4 - 5 所示,主要包括两部分:

(1) 检查 AA 中是否存在相应的业务活动(Act_ID)。

(2) 检查 UA 中是否有与业务活动(Act_ID)所分配角色相匹配的用户。

3. 软件工具运行检查过程及算法

软件工具由授权的用户角色操作,并伴随业务活动来完成其相关功能。软件工具运行检查过程如图 4 - 6 所示,主要包括两部分:

(1) 根据所涉及的业务活动(Act_ID)、用户角色(R_ID),在 AA 中查找软件工具(Swt_ID)对应的数据接口(DI_ID)。

(2) 检查数据接口(DI_ID)中被定义为关键输入的属性是否存在数据。

4.1.2　业务流程控制

业务流程决定了数据的流向,是保证数据产生、使用有序进行的关键。业务

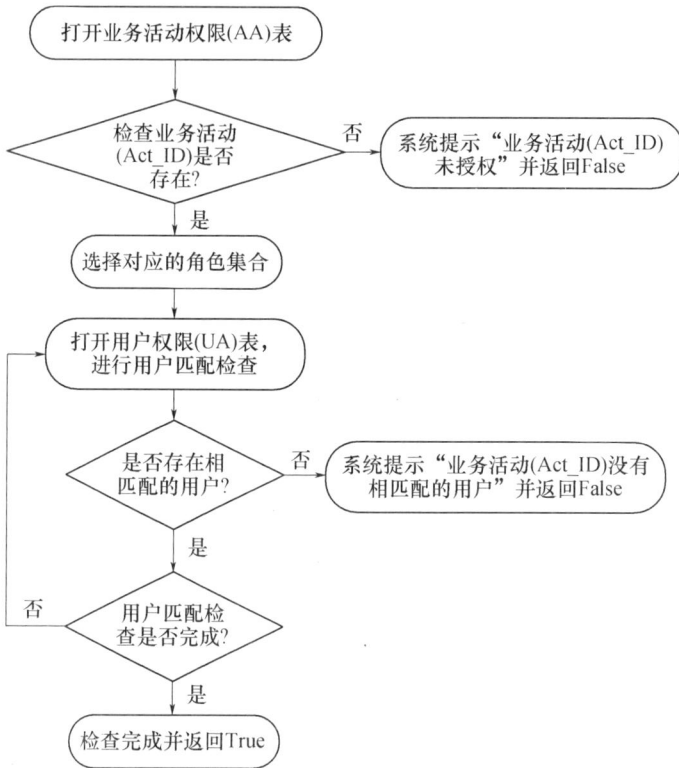

图 4 – 5 业务活动授权检查过程

流程控制的基本思路是首先明确业务流程的控制机制,即建立基于路由规则的控制关系,并在此基础上确定业务流程控制方法。

4.1.2.1 业务活动控制关系

业务流程由一系列业务活动组成,业务流程的控制实质上就是对业务活动之间的逻辑关系进行控制,使各业务活动能够有序、合理地执行。

1. 基本路由结构

组成业务流程的各活动之间存在一定的逻辑关系,这种逻辑关系使得业务流程具有不同的路由结构,其中最基本的主要有顺序、并行、条件和循环路由结构。

顺序路由结构:顺序路由主要描述活动之间的因果关系,定义一系列按固定

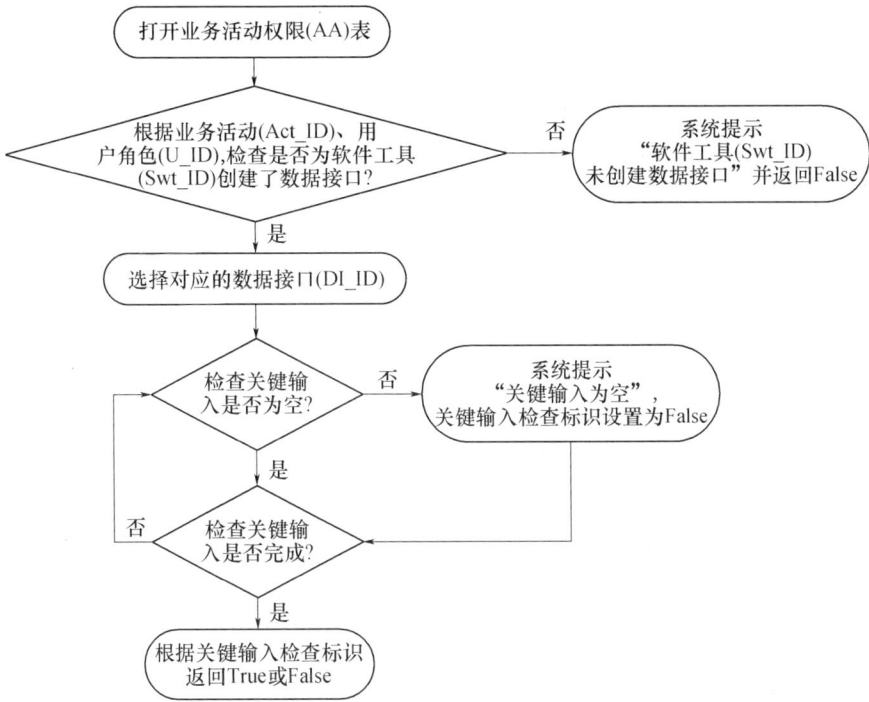

图 4-6　软件工具运行检查过程

顺序串行执行的活动,由一条不分支的通路构成。如图 4-7(a)所示,活动 A_2 必须在 A_1 执行完毕后才能执行,活动 A_3 必须在 A_2 执行完毕后才能执行,由此 A_1、A_2、A_3 就构成了顺序路由结构。

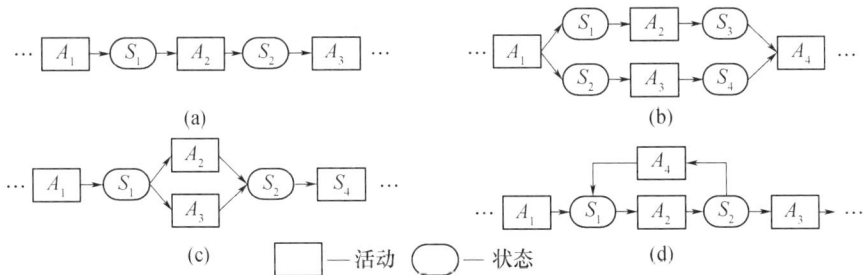

图 4-7　业务流程的基本路由结构

　　并行路由结构:并行路由用于定义没有严格执行顺序的、可同时进行的分支活动。如图 4-7(b)所示,活动 A_2 和 A_3 分别位于两个互不相关的支路上,两者之间没有任何相互制约的关系,所以活动 A_2 和 A_3 能够以任意的顺序执行,可以同时开始,也可以先后执行。

条件路由结构:条件路由定义彼此之间具有相互制约与排斥关系的分支活动,这类分支活动往往根据具体的执行情况来从中进行"多选一"或"多选多"。如图 4-7(c)所示,活动 A_1 执行完毕后,活动 A_2 和 A_3 中只能有一个被执行,至于 A_2 和 A_3 哪一个被执行,则由活动 A_1 的执行结果即状态 S_1 来决定。

循环路由结构:循环路由定义需要重复执行多次的活动,如图 4-7(d)所示,活动 A_2 和 A_4 被反复执行,而通过对状态 S_2 的检测来决定执行活动 A_3 还是 A_4。

2. 基于路由规则的控制关系

装备综合保障业务流程有其规律性,同时又具有动态特性。除了受基本路由结构的影响,流程中的业务活动还要在某种约束条件(如资源、时间约束)下完成,这些约束条件可以看作是定义或限制业务活动某些方面的声明,旨在控制或影响业务活动的执行。对于装备使用过程 ILSDE,如图 4-8 所示,约束条件往往与相关数据对象的某个或多个属性有关,当属性值不为空时,对应的约束条件成立(状态为 True),业务活动可以按照规定的路由结构执行,否则约束条件不成立(状态为 False),业务活动不能按规定执行。例如,"联合作战装备综合保障分析与评价"中"编制想定"的约束条件为确定任务主题、建立顶层指挥所以及相应的用户角色,"系统建模"的约束条件为想定已通过审批。因此,确定业务活动之间的控制关系不仅要以业务活动之间的基本路由结构为基础,还要考虑影响业务活动执行的约束条件,即建立由基本路由结构和约束条件组成的路由规则,以描述活动控制关系。

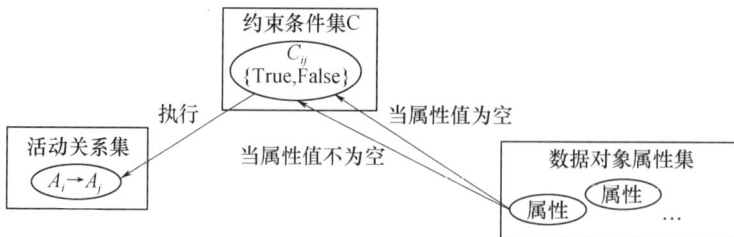

图 4-8 基于数据对象属性的约束条

对于由 n 个活动组成的业务流程,其路由规则集合为 $RR = \{r_i r_j, i \in n, j \in n\}$,约束条件集合为 $C = \{C_1, C_2, \cdots, C_g\}$,其中 $r_i r_j = (ID, A_i, A_j, C_{ij}, Attr(C_{ij}))$,ID 为路由标识;$A_i$ 和 A_j 分别为业务活动,表示路由的起点和终点;C_{ij} 表示路由结构 A_i 到 A_j 的约束条件集,可以由多个约束条件组成,$C_{ij} \subseteq C$;$Attr(C_{ij})$ 表示约束条件集 C_{ij} 所对应的数据对象属性集合。当活动 A_i 执行完毕后,若 C_{ij} 成立,则 A_j 可以启动执行。若 $C_{ij} = \varnothing$,则表明 $A_i \rightarrow A_j$ 不存在约束条件的影响(为必经路由),图 4-9 为基于路由规则的业务流程实例,表 4-1 为其路由规则表。

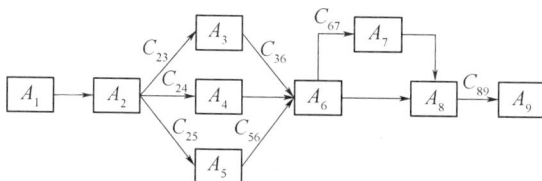

图 4-9　基于路由规则的业务流程实例

表 4-1　业务流程的路由规则表

ID	A_i	A_j	C_{ij}	$Attr(C_{ij})$	ID	A_i	A_j	C_{ij}	$Attr(C_{ij})$
1	A_1	A_2	$\varnothing$	–	6	A_4	A_6	$\varnothing$	–
2	A_2	A_3	C_{23}	$Attr(C_{23})$	7	A_5	A_6	C_{56}	$Attr(C_{56})$
3	A_2	A_4	C_{24}	$Attr(C_{24})$	8	A_6	A_7	C_{67}	$Attr(C_{67})$
4	A_2	A_5	C_{25}	$Attr(C_{25})$	9	A_6	A_8	$\varnothing$	–
5	A_3	A_6	C_{36}	$Attr(C_{36})$	10	A_8	A_9	C_{89}	$Attr(C_{89})$

4.1.2.2　规则描述与检查

由路由规则的定义可以看出,活动关系控制的核心是约束条件和数据对象属性。为了更清晰地反映业务活动、约束条件以及数据对象属性的关系,需要对路由规则进一步描述,并通过相应的规则检查来对业务活动关系进行控制。

1. 路由规则形式化描述

通常情况下,路由规则总是隐含在业务过程中,并且直接以编码的方式实现,一旦业务逻辑发生变化,需要修改大量的代码以维护系统,使系统风险加大。为了实现显式管理,路由规则应从业务过程分离出来,面向用户进行定义,既可以降低因业务逻辑变化所带来的风险,又可以最大程度共享业务逻辑资源。路由规则与业务分离的前提是对其进行抽象或形式化描述,以适应业务逻辑变化,提高 *ILSDE* 系统的动态性和自适应能力。

结合路由规则 RR 的基本定义,可以用一个三元组对其形式化描述:

RR = (RR_Info, RR_Acts, RR_Cons)

RR _info 描述路由规则的基本信息,包含属性 RR _ID;

RR_Acts 描述与路由规则对应的的业务活动关系,Act_ID1 为起点活动标识,Act_ID2 为终点活动标识;

RR_Cons 描述与路由规则对应的的约束条件信息,Con_ID 为约束条件标识,Con_Name 为约束条件名称,Con_State 为约束条件状态、Con_State ∈ {True, False};RR_Cons 还包含描述与约束条件对应的数据对象信息 DataObjs、数据对象属性信息 ObjAttrs。

图 4 - 10 为路由规则的元模型,RR_Info 与 RR_Acts 为一对一关系,即一条路由规则与由两个活动组成的执行序列一一对应;RR_Info 与 RR_Cons 为多对多关系,一条路由规则对应多个约束条件,一个约束条件也会对应多个路由规则;RR_Cons 与 ObjAttrs、DataObjs 分别为多对多关系,一个约束条件涉及不同的数据对象及其属性,而数据对象的一个属性会被不同的约束条件所包含。通过形式化描述,可以根据路由规则的状态变化对活动之间的关系以及业务流程的执行进行有效控制。

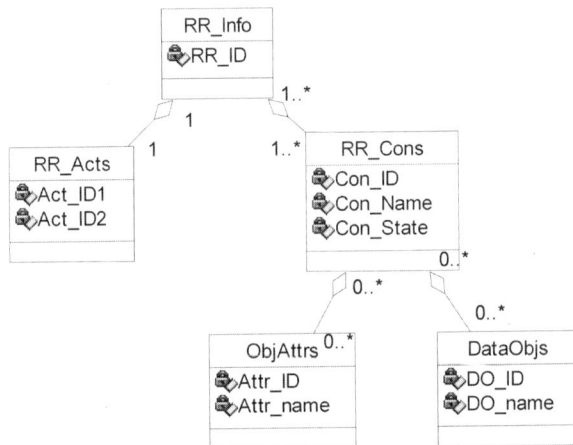

图 4 - 10　路由规则模型

2. 路由规则检查

路由规则决定了业务活动能否按照规定的逻辑关系执行,对形式化路由规则的检查是业务流程控制的基本方法,这里主要给出检查的基本过程及算法。检查过程如图 4 - 11 所示,主要包括三个部分:

(1) 在路由规则(RR)表中查找以某一业务活动(Act_ID)为起点的规则。

(2) 如果路由规则存在,检查对应的约束条件是否存在。

(3) 如果约束条件存在,检查对应的数据对象属性值是否为空。

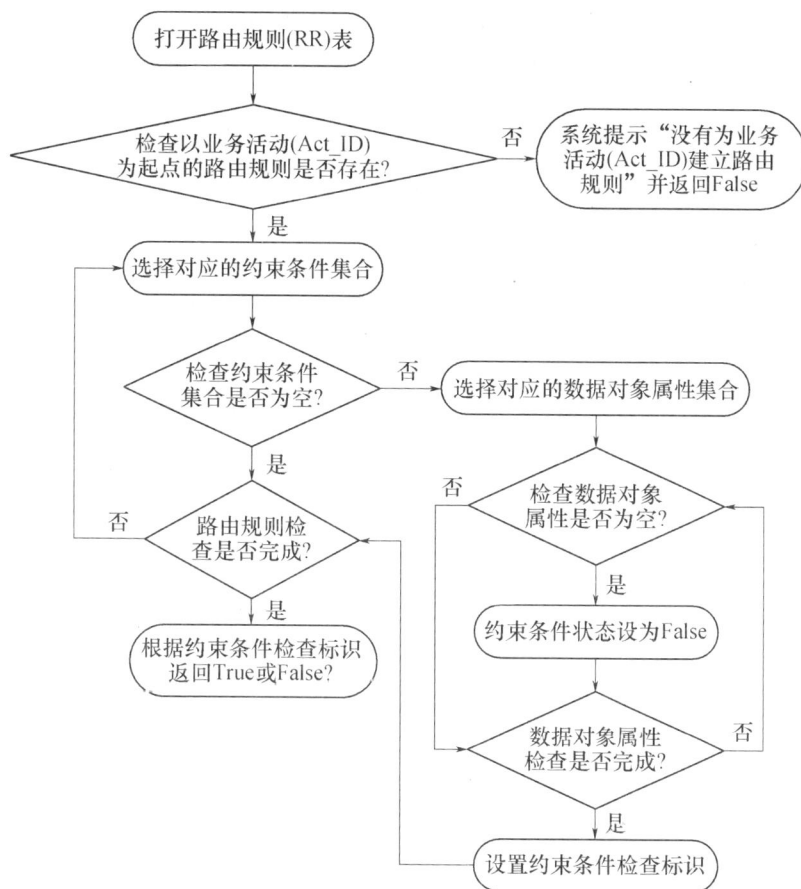

图 4 - 11　路由规则检查过程

103

4.2 ILSDE 系统控制模型

通过 4.1 节的分析,明确了用户访问和业务流程的控制机制与方法,而控制机制与方法总是伴随工作项目及业务流程动态执行的。因此,为了充分体现动态特性,必须建立 ILSDE 系统控制模型。Petri 网是一种比较适合的动态建模方法,通过静态结构与动态变化规律的结合严格区分了活动的使能与活动的执行,既有丰富的系统描述手段和系统行为分析技术,又为模型的计算机化提供了重要的实现基础,是一种适用于多种系统的图形化、数学化建模工具,为描述并行、异步、分布式和随机性等特性的复杂系统提供了强有力的手段。本书充分利用利用 Petri 网建模技术的优势,并与面向对象技术相结合,建立基于对象有色 Petri 网(Oriented – Object Colored Petri Net, OCPN)的 ILSDE 系统控制模型。

4.2.1 Petri 网定义

这里主要从基本网系统、库所/变迁网系统、高级网系统来介绍 Petri 网的基本知识。

定义 4 - 1 网——满足下列条件的三元组 $N = (P, T; F)$ 称作一个网:

(1) $P \cap T = \varnothing$ 。

(2) $P \cup T \neq \varnothing$ 。

(3) $F \subseteq (P \times T) \cup (T \times P)$ 。

(4) $\mathrm{dom}(F) \cup \mathrm{cod}(F) = P \cup T$,其中

$$\mathrm{dom}(F) = \{x \in P \cup T \mid \exists y \in P \cup T : (x, y) \in F\}$$
$$\mathrm{cod}(F) = \{x \in P \cup T \mid \exists y \in P \cup T : (y, x) \in F\}$$

P 和 T 分别为 N 的库所(Place)集和变迁(Transition)集,F 为流关系(Flow Relation)。库所和变迁是两类不同的元素,即 $P \cap T = \varnothing$,而 $P \cup T \neq \varnothing$ 表示网中至少有一个元素;$F \subseteq (P \times T) \cup (T \times P)$ 表示变迁只能与库所有直接的流关系,$\mathrm{dom}(F) \cup \mathrm{cod}(F) = P \cup T$ 表示网中不能有孤立的的库所或变迁。

对于 $\forall x \in P \cup T$:

$\cdot x = \{y \mid y \in P \cup T \wedge (y, x) \in F\}$ 称为 x 的前集或输入集;

$x^{\bullet} = \{ y \mid y \in P \cup T \wedge (x,y) \in F \}$ 称为 x 的后集或输出集；

${}^{\bullet}x \cup x^{\bullet}$ 为元素 x 的外延。显然，一个库所的外延是变迁集 T 的一个子集，一个变迁的外延是库所集 P 的一个子集。对 $\forall x \in P \cup T, x$ 的外延${}^{\bullet}x \cup x^{\bullet}$ 都不可能是空集（否则 x 就是一个孤立结点）。

定义 4-2　标识网与网系统

设 $N = (P,T;F)$ 为一个网，映射 $M:S \to \{0,1,2,\cdots\}$ 称为网 N 的一个标识（Marking）。二元组 (N,M)（即四元组 $(P,T;F,M)$）称为一个标识网（Marked Net）。对于 $s \in S$，若 $M(s) = k$，则在表示库所 S 的小圆圈内加上 k 个小黑点（图形表示），称库所 S 中有 k 个托肯（Token）或标记。

一个网系统（Net System）是一个标识网 $\Sigma = (P,T;F,M)$，并具有以下变迁发生规则（Transition Firing Rule）：

（1）对于变迁 $t \in T$，如果

$$\forall s \in S : s \in {}^{\bullet}t \to M(s) \geqslant 1$$

则称变迁 t 在标识 M 有发生权（Enabled），记为 $M[t>$；

（2）若 $M[t>$，则在标识 M 下，变迁 t 可以发生（Fire），并得到一个新的标识 M'（记为 $M[t>M'$），对于 $\forall s \in S$，有

$$M'(s) = \begin{cases} M(s) - 1, & \text{若 } s \in {}^{\bullet}t - t^{\bullet} \\ M(s) + 1, & \text{若 } s \in t^{\bullet} - {}^{\bullet}t \\ M(s), & \text{其他} \end{cases}$$

一个网系统有一个初始标识（Initial Marking），记为 M_0，它描述了被模拟系统的初始状态。在初始标识 M_0 下，可能有若干个变迁有发生权，其中任意一个变迁发生就得到一个新的标识 M_1；在 M_0 下又有可能有若干个变迁有发生权，其中任意一个变迁发生就得到一个新的标识 $M_2,\cdots$，这样继续下去，网系统就是随着变迁的不断发生和标识的不断变化而运行的。

定义 4-3　库所/变迁（Place/Transition）系统

六元组 $\Sigma_{\mathrm{PT}} = (P,T;F,K,W,M)$ 称为一个库所/变迁系统。

（1）$(P,T;F)$ 是一个网。

$W:F$ 称为权函数（Weighted Function）。

$K:P$ 称为容量函数（Capacity Function）。

$M:P$ 是的一个标识，满足条件：

$$\forall p \in P : M(p) \leqslant K(p)$$

（2）Σ_{PT}满足变迁发生的条件和结果。

对于$t \in T, M[t>$的条件为

$$\begin{cases} \forall_p \in {}^{\bullet}t : M(p) \geqslant W(p,t) \\ \forall_p \in t^{\bullet} - {}^{\bullet}t : M(p) + W(t,p) \leqslant K(p) \\ \forall_p \in t^{\bullet} \cap {}^{\bullet}t : M(p) + W(t,p) - W(p,t) \leqslant K(p) \end{cases}$$

若$M[t> M', t$在M的发生结果为

$$对 \ \forall_p \in P, M'(s) = \begin{cases} M(p) - W(p,t), 若 p \in {}^{\bullet}t - t^{\bullet} \\ M(p) + W(t,p), 若 p \in t^{\bullet} - {}^{\bullet}t \\ M(p) + W(t,p) - W(p,t), 若 p \in t^{\bullet} \cap {}^{\bullet}t \\ M(p), 其他 \end{cases}$$

库所/变迁系统是在网系统（原型 Petri 网）的基础上增加了两个函数，即定义在库所集上的容量函数和定义在有向边集上的权函数。从上述定义可以看出，由于容量函数和权函数的作用，库所/变迁系统中一个变迁t在标识M是否有发生权，不仅取决于它的前集库所，还同后集的各库所有关（即后集库所的容量是否被突破）。一个变迁的发生，其前后集库所的托肯或标识数的改变量也与基本网系统不同。

定义 4-4 有色网（Colored Petri Net, CPN）系统

$\Sigma_{\mathrm{CPN}} = (P,T;F,C,I_-,I_+,M_0)$称为有色网系统的充分必要条件是：

（1）$(P,T;F)$为有向网，称为Σ_{CPN}的基网；

（2）$C:P \cup T \rightarrow U(D), U(D)$为颜色集$D$之幂集，使得：对$p \in P, C(p)$是库所$p$上所有可能的托肯色（资源类）之集合；对$t \in T, C(t)$是变迁$t$上所有可能的出现色之集合。

（3）I_-和I_+分别是$P \times T$上的负（输入）函数和正（输出）函数，使得对所有$(p,t) \in P \times T$：

$I_-(p,t) \in [C(t)_{\mathrm{MS}} \rightarrow C(p)_{\mathrm{MS}}]_L$，且$I_-(p,t) = 0$的充分必要条件是$(p,t) \notin F$。

$I_+(p,t) \in [C(t)_{\mathrm{MS}} \rightarrow C(p)_{\mathrm{MS}}]_L$，且$I_+(p,t) = 0$的充分必要条件是$(t,p) \notin F$。

（4）$M_0:P \rightarrow D_{\mathrm{MS}}$称为$\Sigma$的初始标识，它必须满足条件$p \in P: M_0(p) \in C(p)_{\mathrm{MS}}$，即$M_0(p)$是$p$的托肯色集合上的多重集。

多重集:设 S 为非空集合,N_0 是非负整数集,则从 S 到 N_0 的函数称为 S 上的多重集(Multi – Set)。多重集与集合的区别在于:前者允许同一个元素出现多次。通常用 S_{MS} 来表示集合 S 上的所有有限多重集组成的集合。

与基本网系统和库所/变迁网相比,有色 Petri 网更抽象:经过折叠的(抽象)库所能代表多种业务活动或资源,经过折叠的(抽象)变迁能代表多种变化,从而减少模型的组成元素;使用有色托肯来控制变迁的触发,能同时描述系统中不同的业务流程。

定义 4 – 5　对象 Petri 网(Oriented – Object Petri Net,OPN)

对象 Petri 网可以表示为 $\Sigma_{OPN} = (O, R, M_0)$,其中

$O = \{Obj_1, Obj_2, \cdots, Obj_n\}$ 为对象集合。

$R \subseteq (Obj_i \times Obj_j) \cup (Obj_j \times Obj_i)(i, j \in \{1, 2, \cdots, n\}, i \neq j)$ 表示对象之间的关系集合。

M_0 为对象的初始状态集合,即 OPN 的初始标识。

4.2.2　基于 OCPN 的控制模型

尽管基本以及有色 Petri 网能够清晰、准确地对流程的控制逻辑进行定义,并使模型更加抽象以减少组成元素,但仍存在以下问题:

(1)无数据概念。在基本或有色 Petri 网中并没有(或显式)体现数据处理过程,如伴随控制流的数据输入、输出等。

(2)模型虽然具有良好的抽象性,但不易被理解和使用。此外,从模块化、可重用角度来看,基本或有色 Petri 网也需要进一步改进和扩展,以通过一系列独立的子模型以及子模型之间的接口来表示一个完整的模型,这也正是建立装备使用过程 ILSDE 系统控制模型所需要的。

针对上述问题,可以将有色 Petri 网与面向对象技术结合,实现以下扩展:

(1)对象作为结构化模块成为网系统的基本组成要素,对象之间通过消息机制以及端口(输入输出库所)进行交互。

(2)对象内部可以集成多种不同的功能,这些功能可以是对象本身的操作,也可以作为 Petri 网中的变迁;对象属性及状态可以作为库所封装在对象内部,因此,一个简单对象就是一个具有输入和输出端口的 Petri 网。

(3)面向对象中数据与操作结合的特点使数据变化得以体现。

为了把用户访问控制与业务流程控制相结合,形成一个统一、完整的控制模型,可以将其看作是由相互作用的对象所组成的系统,这些对象主要是业务活动和用户。其中,每个业务活动和用户对象都有自己的属性和操作,根据收到的消息来完成相应的任务。根据这一思想,本书以业务活动、用户为对象,通过在其内部封装操作(如用户身份验证、业务活动授权检查、路由规则检查、数据接口检查等)及相关数据(图 4 – 12),建立基于 OCPN 的 ILSDE 系统控制模型。

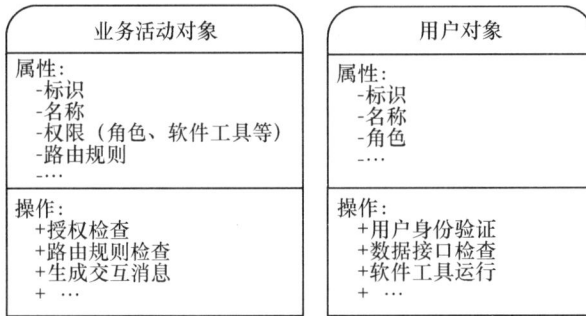

图 4 – 12 封装属性和操作的用户和业务活动对象

4.2.2.1 模型定义

基于 OCPN 的 ILSDE 系统控制模型 Σ_{OCPN} 定义如下:

定义 4 – 6 $\Sigma_{OCPN} = (O, R, M_0)$

其中 O 表示对象集合,R 表示对象之间的消息传递关系集合,M_0 为对象的初始状态集合,即 OCPN 的初始标识。

(1) 对象集合 $O = (Obj\_A, Obj\_U)$,Obj_A 表示业务活动对象集合,Obj_U 表示用户对象集合。

① 业务活动对象 $Obj\_A = \{Obj\_A_i, i = 1, 2, \cdots, n\}$。

$Obj\_A_i = (P_i^A, T_i^A, IM_i^A, OM_i^A, OM_i^{AU}, IM_i^{UA}; F_i^A, W_i^A)$,其中:

P_i 为业务活动对象 Obj_A_i 内部的状态库所集合;

T_i 为业务活动对象 Obj_A_i 内部的变迁集合;

IM_i^A / OM_i^A 为业务活动对象 Obj_A_i 与其他业务活动对象进行交互的输入/输出消息库所;

OM_i^{AU} / IM_i^{UA} 为业务活动对象 Obj_A_i 与用户对象进行交互的输出/输入消息

库所；

$F_i^A \subseteq (T_i^A \times P_i^A) \cup (P_i^A \times T_i^A) \cup (IM_i^A \times T_i^A) \cup (T_i^A \times OM_i^A) \cup (T_i^A \times OM_i^{AU})$

$\cup (IM_i^{UA} \times T_i^A)$；

W_i^A 表示 F_i^A 上的权函数，$W_i^A(P_i^A, T_i^A)$、$W_i^A(IM_i^A, T_i^A)$、$W_i^A(IM_i^{UA}, T_i^A)$ 分别为输入函数；$W_i^A(T_i^A, P_i^A)$、$W_i^A(T_i^A, OM_i^A)$、$W_i^A(T_i^A, OM_i^{AU})$ 为输出函数。

② 用户对象 $Obj\_U = \{Obj\_U_k, k = 1, 2, \cdots, m\}$。

$Obj\_A_k = (P_k^U, T_k^U, IM_k^{AU}, OM_i^{UA}; F_i^U, W_i^U)$，其中：

P_k^U 为用户对象 Obj_U_k 内部的状态库所集合；

T_k^U 为用户对象 Obj_U_k 内部的变迁集合；

IM_k^{AU}/OM_i^{UA} 为用户对象 Obj_U_k 与业务活动对象进行交互的输入/输出消息库所；

$F_i^U \subseteq (T_k^U \times P_k^U) \cup (P_k^U \times T_k^U) \cup (IM_k^{AU} \times T_k^U) \cup (T_k^U \times OM_i^{UA})$；

W_i^U 表示 F_i^U 上的权函数，其中 $W_i^U(P_k^U, T_k^U)$、$W_i^U(IM_k^{AU}, T_k^U)$ 为输入函数；$W_i^U(T_k^U, P_k^U)$、$W_i^U(T_k^U, OM_i^{UA})$ 为输出函数。

（2）对象关系 $R = (R^{AA}, R^{AU}, R^{UA})$。

① 业务活动对象关系 $R^{AA} = \{R_i^{AA}, i = 1, 2, \cdots, n\}$，$R_i^{AA}$ 表示业务活动对象 Obj_A_i 与其他业务活动对象之间的消息传递关系，$R_i^{AA} = (OM_i^A, G_i^{AA}, IM^A, C^A, cd^{AA}, W^{AA})$，其中：

G_i^{AA} 为业务活动对象 Obj_A_i 与其他业务活动对象进行消息传递的门变迁。

IM^A 为业务活动对象之间进行交互的输入消息库所集合，即 $IM^A = \{IM_j^A, j = 1, 2, \cdots, n, j \neq i\}$。

C^A 为 R_i^{AA} 的颜色类集合，$C^A - \{uc_1, uc_2, \cdots, ac_n\}$，表示不同的业务活动对象。

$cd^{AA} : OM_i^A \cup G_i^{AA} \cup IM^A \to C^A$ 为颜色域的映射，$cd^{AA}(OM_i^A)$ 为 OM_i^A 上所有可能的托肯色集合（$cd^{AA}(OM_i^A)_{MS}$ 为多重集），$cd^{AA}(IM^A)$ 为 IM^A 上所有可能的托肯色集合（$cd^{AA}(IM^A)_{MS}$ 为多重集），$cd^{AA}(G_i^{AA})$ 为 G_i^{AA} 上所有可能的出现色集合（$cd^{AA}(G_i^{AA})_{MS}$ 为多重集）。

W_{ij}^{AA} 表示 R_{ij}^{AA} 的权函数，$W_{ij}^{AA}(OM_i^A, G_i^{AA})$ 为输入函数，$W_{ij}^{AA}(G_i^{AA}, IM_j^A)$ 为输出函数。

② 业务活动与用户对象关系 $R^{AU} = \{R_i^{AU}, i = 1, 2, \cdots, n\}$，$R_i^{AU}$ 表示业务活动 Obj_A_i 与用户对象之间的消息传递关系，$R_i^{AU} = (OM_i^{AU}, G_i^{AU}, IM^{AU}, C^{AU}, cd^{AU}, W^{AU})$，其中：

G_i^{AU} 为业务活动 Obj_A_i 与用户对象进行消息传递的门变迁。

IM^{AU} 为用户对象与业务活动对象进行交互的输入消息集合，即 $IM^{AU} = \{IM_k^{AU}, k = 1, 2, \cdots, m\}$。

C^{AU} 为 R_i^{AU} 的颜色类集合，$C^{AU} = C^A \cup C^U$，其中 $C^U = \{rc_1, rc_2, \cdots, rc_k\}$，表示用户对象所属的不同角色。

$cd^{AU}: OM_i^{AU} \cup G_i^{AU} \cup IM^{AU} \rightarrow C^{AU}$ 为颜色域的映射，$cd^{AU}(OM_i^{AU})$ 为 OM_i^{AU} 上所有可能的托肯色集合（$cd^{AU}(OM_i^{AU})_{\text{MS}}$ 为多重集），$cd^{AU}(IM^{AU})$ 为 IM^{AU} 上所有可能的托肯色集合（$cd^{AU}(IM^{AU})_{\text{MS}}$ 为多重集），$cd^{AU}(G_i^{AU})$ 为 G_i^{AU} 上所有可能的出现色集合（$cd^{AU}(G_i^{AU})_{\text{MS}}$ 为多重集）。

W^{AU} 表示 R_i^{AU} 的权函数，$W^{AU}(OM_i^{AU}, G_i^{AU})$ 为输入函数，$W^{AU}(G_i^{AU}, IM^{AU})$ 为输出函数。

③ 用户与业务活动对象关系 $R^{UA} = \{R_k^{UA}, k = 1, 2, \cdots, m\}$，$R_k^{UA}$ 表示用户对象 Obj_U_k 与业务活动对象之间的消息传递关系，$R_k^{UA} = (OM_k^{UA}, G_k^{UA}, IM^{UA}, C^{UA}, cd^{UA}, W^{UA})$，其中：

G_k^{UA} 为用户对象 Obj_U_k 与业务活动对象进行消息传递的门变迁。

IM^{UA} 为业务活动对象与用户对象进行交互的输入消息库所集合，即 $IM^{UA} = \{IM_i^{UA}, i = 1, 2, \cdots, n\}$。

C^{UA} 为 R_k^{UA} 的颜色类集合，$C^{UA} = C^U \cup C^A$。

$cd^{UA}: OM_k^{UA} \cup G_k^{UA} \cup IM^{UA} \rightarrow C^{UA}$ 为颜色域的映射，$cd^{UA}(OM_k^{UA})$ 为 OM_k^{UA} 上所有可能的托肯色集合（$cd^{UA}(OM_k^{UA})_{\text{MS}}$ 为多重集），$cd^{UA}(IM^{UA})$ 为 IM^{UA} 上所有可能的托肯色集合（$cd^{UA}(IM^{UA})_{\text{MS}}$ 为多重集），$cd^{UA}(G_k^{UA})$ 为 G_k^{UA} 上所有可能的出现色集合（$cd^{UA}(G_k^{UA})_{\text{MS}}$ 为多重集）。

W^{UA} 表示 R_k^{UA} 的权函数，$W^{UA}(OM_k^{UA}, G_k^{UA})$ 为输入函数，$W^{UA}(G_k^{UA}, IM^{UA})$ 为输出函数。

4.2.2.2 对象子网交互控制

为了更好地描述基于 OCPN 的控制模型，除了形式化定义外本书还给出了模型的图形表示(图 4 - 13),主要包括业务活动对象子网、用户对象子网以及进行消息传递的门变迁。根据 ILSDE 的控制机制,分别对模型中的业务活动和用户对象子网内部进行细化,即将控制操作及相关数据作为其内部变迁和库所,并与相关的逻辑控制结合。同时,分析基于门变迁的对象子网交互关系,以充分体现用户访问控制和业务流程控制紧密结合。

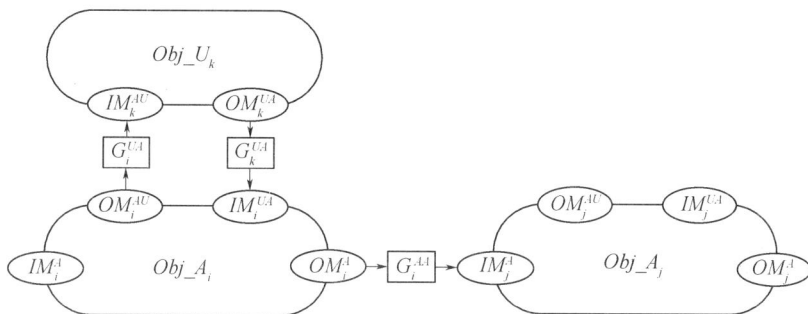

图 4 - 13 基于 OCPN 的 ILSDE 控制模型 1

1. 对象子网

这里主要以图形化方式分别对业务活动对象子网、用户对象子网内部进行描述,同时对其内部库所和变迁的含义进行说明。

业务活动对象子网内部基本组成如图 4 - 14 所示,各库所和变迁的含义如表 4 - 2 所列。业务活动对象内的相关控制操作包括授权检查($T_{i\_ac}^A$)和路由规则检查($T_{i\_rc}^A$)。授权检查主要是按照业务活动权限(AA),检查是否为业务活动分配了角色、软件工具、数据接口以及对相关数据对象的操作,并通过调用前面给出的权限配置检查算法 AAcheck(Act ID)来实现,由于要以业务活动权限分配作为输入数据,因此与消息库所相似,$P_{i\_ac}^A$ 也是一种基于数据(主要是业务活

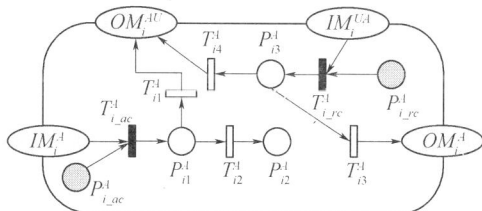

图 4 - 14 业务活动对象子网

动权限分配数据)状态的库所。路由规则检查主要是检查业务活动相关约束条件是否满足,以确定相关业务活动是否可以执行。路由规则检查通过调用前面给出的规则检查算法 RRcheck(Act_ID)来实现,同理,作为路由规则检查的输入数据,$P_{i\_rc}^{A}$是基于路由规则数据状态的库所。

表 4 - 2   业务活动对象内部变迁和库所含义

库所	库所含义	变迁	变迁含义
$P_{i\_ac}^{A}$	表示业务活动权限(AA)数据就绪	$T_{i\_ac}^{A}$	表示对业务活动进行授权检查,即调用 AAcheck(Act_ID)
P_{i1}^{A}	表示授权检查结果的状态(True 或 Fasle)	T_{i1}^{A}	表示授权检查结果为 True 时,产生与用户对象交互的消息
P_{i2}^{A}	表示业务活动处于挂起状态	T_{i2}^{A}	表示授权检查结果为 False 时,业务活动转为"挂起"
P_{i3}^{A}	表示路由规则检查结果的状态(True 或 False)	T_{i3}^{A}	表示路由规则检查结果为 True 时,产生与业务活动对象交互的消息
$P_{i\_rc}^{A}$	表示路由规则(RR)数据就绪	T_{i4}^{A}	表示路由规则检查结果为 False 时,产生与用户对象交互的消息(任务未完成,重新执行)
		$T_{i\_rc}^{A}$	表示对业务活动进行路由规则检查,即调用 RRcheck(Act_ID)

用户对象子网内部基本组成如图 4 - 15 所示,各库所和变迁的含义如表 4 - 3 所列。用户对象内的相关控制操作包括用户身份验证($T_{k\_uc}^{U}$)和数据接口检查($T_{k\_ic}^{U}$)。用户身份验证通过调用算法 UICheck(U_ID,R_ID),检查用户与进入或登录系统所使用的角色是否匹配,这是一种最基本的访问控制形式,同样需要 $P_{k\_uc}^{U}$ 提供用户数据(用户权限 UA)作为输入。软件工具运行检查主要是检

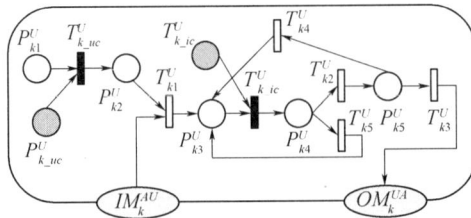

图 4 - 15   用户对象子网

查其能否正确执行,即是否提供了软件工具运行所需的关键输入(Key Input),并通过调用算法 SWTcheck(Act_ID,R_ID,Swt_ID)来实现,需要的输入数据为已定义的数据接口,在对象子网中由 $P_{k\_ic}^{U}$ 来表示。

业务活动和用户对象子网内部的控制过程将结合具体应用来介绍。

表 4 - 3　用户对象内部变迁和库所含义

库所	库所含义	变迁	变迁含义
$P_{k\_uc}^{U}$	表示用户权限(UA)数据就绪	$T_{k\_uc}^{U}$	表示对用户进行身份验证,即调用 UIcheck(U_ID,R_ID)
P_{k1}^{U}	表示用户准备登录	T_{k1}^{U}	表示接收来自业务活动的所有任务
P_{k2}^{U}	表示用户通过身份验证	T_{k2}^{U}	表示软件工具运行检查结果为 True 时,运行相应的软件工具
P_{k3}^{U}	表示用户所接收任务就绪(产生任务托肯)	T_{k3}^{U}	表示任务完成状态为 True 时,产生与业务活动对象交互的消息
P_{k4}^{U}	表示软件工具运行检查结果的状态(True 或 False)	T_{k4}^{U}	表示任务完成状态为 False 时,继续执行其他未完成的任务
P_{k5}^{U}	表示任务完成状态(True 或 False)	T_{k5}^{U}	表示软件工具运行检查结果为 False 时,重新选择任务
$P_{k\_ic}^{U}$	表示数据接口(DIs)就绪	$T_{k\_ic}^{U}$	表示对软件工具运行进行检查,即调用 SWTcheck(Act_ID,R_ID,Swt_ID)

2. 门变迁触发条件

由图 4 - 13 可以看出,业务活动对象之间、业务活动对象与用户对象之间都是通过门变迁发送和接收消息来实现交互的,其触发机制也是影响访问控制和业务流程控制能否紧密结合的关键。对于不同的业务流程,各业务活动之间有不同的组合关系,而业务活动与用户之间也存在不同的组合关系。因此,门变迁的每一种变迁颜色代表了一种出现方式或组合方式[112],结合图 ,主要分析和确定 G_i^{AA}、G_k^{AU}、G_k^{UA} 的触发条件。

当 G_i^{AA} 以变迁颜色 $\beta \in cd(G_i^{AA})_{MS} = \{(ac_j,ac_i),j=1,2,\cdots,n,j \neq i\}$ 发生时,其触发条件为

$$M(OM_i^A) \geqslant W_{ij}^{AA}(OM_i^A,G_i^{AA})(\beta) = ac_1 + ac_2 + \cdots + ac_n$$

式中:$M(OM_i^A)$ 为 OM_i^A 的初始状态;$W_{ij}^{AA}(OM_i^A,G_i^{AA})$ 为(输入)权函数。

当 G_k^{AU} 以变迁颜色 $\alpha \in cd(G_k^{AU})_{MS} = \{(rc_k, ac_i), k=1,2,\cdots,m\}$ 发生时,其触发条件为

$$M(OM_i^{AU}) \geqslant W^{AU}(OM_i^{AU}, G_k^{AU})(\alpha) = rc_1 + rc_2 + \cdots + ac_m$$

式中:$M(OM_i^{AU})$ 为 OM_i^{AU} 的初始状态;$W^{AU}(OM_i^{AU}, G_k^{AU})$ 为(输入)权函数。

当 G_k^{UA} 以变迁颜色 $\mu \in cd(G_k^{UA})_{MS} = \{(ac_i, rc_k), i=1,2,\cdots,n\}$ 发生时,其触发条件为

$$M(OM_k^{UA}) \geqslant W^{UA}(OM_i^{UA}, G_k^{UA})(\mu) = ac_1 + ac_2 + \cdots + ac_n$$

式中:$M(OM_k^{UA})$ 为 OM_k^{UA} 的初始状态;$W^{UA}(OM_i^{UA}, G_k^{UA})$ 为(输入)权函数。

上述触发条件中,各颜色消息数量均默认为 1。上述分析表明,在基于 OCPN 的控制模型中,当消息托肯数量满足要求(至少有一条消息)时,门变迁可以按照不同的变迁颜色实现业务活动之间的交互、业务活动与用户之间的交互,为业务流程控制和用户访问控制的有机结合提供了保证。

4.3 应用实例

以"联合作战装备综合保障分析与评价"为工作项目,建立基于 OCPN 的控制模型实例,通过对用户访问和业务流程进行控制,实现数据使用、产生以及相关操作的有序进行,保证数据的安全性、完整性和一致性。同时,通过对应用实的分析来验证模型的适用性和有效性。

4.3.1 控制模型应用

4.3.1.1 应用实例描述

"联合作战装备综合保障分析与评价"是面向多层次(联合战役层、军兵种战役层、作战部队层)、多兵种(陆、海、空、二炮)的一项综合保障工作,通过编制和生成各层次想定,建立相应的系统模型,即任务系统模型、保障对象系统模型和保障系统模型,在此基础上,确定装备作战单元的保障要求、配置其保障资源,并对其保障能力进行仿真和评价。如图 4 - 16 所示,上述工作以业务流程为驱动,涉及不同的业务机构和角色、以及不同的业务功能,利用基于 OCPN 的系统控制模型对其业务流程控制和用户访问控制进行研究。

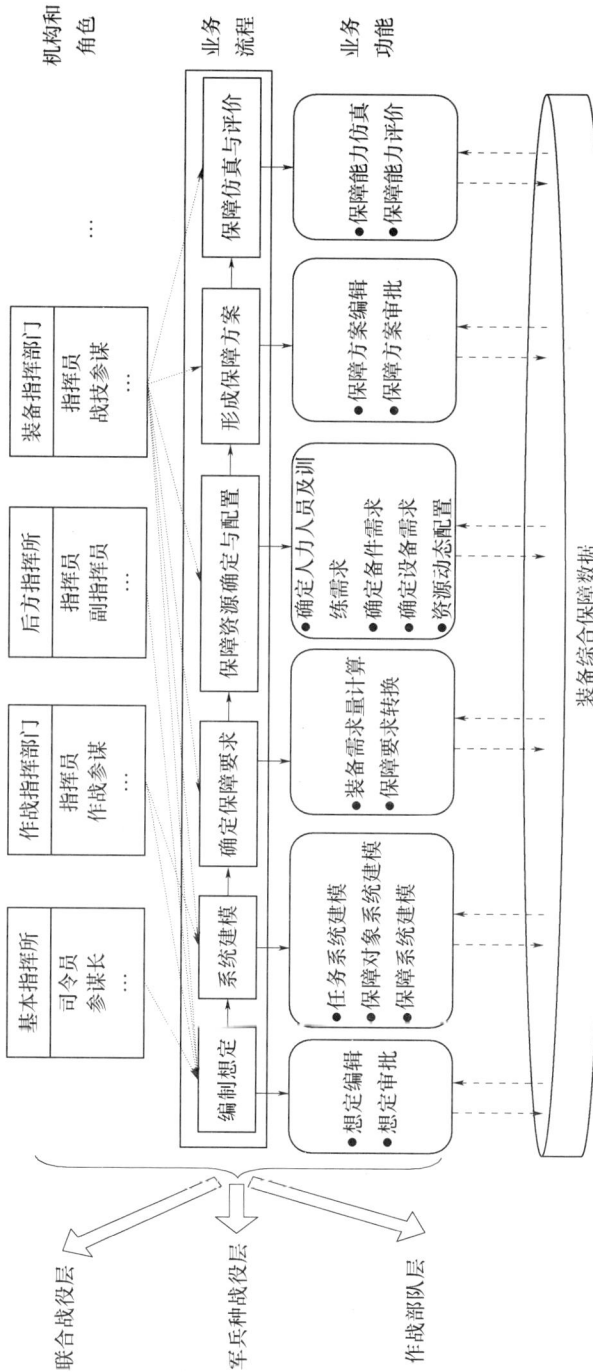

图4-16 "联合作战装备综合保障分析与评价"基本框架

　　为了便于分析和研究,需要对联合战役层、军兵种战役层和作战部队层的业务流程进一步细化,以明确各层次业务活动之间以及与相关角色、软件工具的关系。如图 4 – 17 所示,联合战役层"系统建模"必须在本层"编制想定"完成后执行;军兵种战役层"系统建模"必须在本层"编制想定"以及联合战役层"系统建模"完成后执行;作战部队层"系统建模"必须在本层"编制想定"以及作战集团层"系统建模"完成后执行。此外,还要明确每个业务活动执行所涉及的人员角色、软件工具、数据接口。同样以"系统建模"为例,其主要功能是建立各层次的任务系统模型、保障对象系统模型、保障系统模型和模型审批,分别对应任务系统建模人员和管理员、保障对象系统建模人员和管理员、保障系统建模人员和管理员 6 种角色(管理员负责模型的审批),以及任务系统建模、保障对象系统建模和保障系统建模 3 种软件工具。由于每种软件工具分别对应两种角色,因此必须定义不同的数据接口。下面以防空作战为任务背景,分别选择陆军、防空旅作为作战集团层、作战部队层典型代表,重点围绕防空旅"系统建模"及其相关业务活动和用户建立控制模型实例。

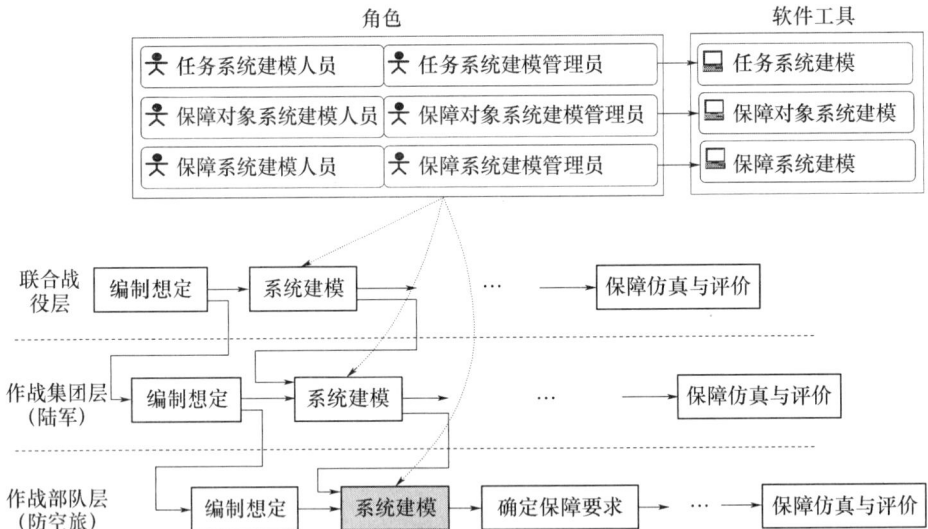

图 4 – 17　各层次业务活动及相互关系

4.3.1.2　控制模型实例

　　根据基于 OCPN 的系统控制模型定义以及应用实例的基本描述,如图 4 – 18 所示,Obj_A_1、Obj_A_2、Obj_A_3、Obj_A_4 分别表示业务活动"系统建模(陆军)"

"编制想定(防空旅)""系统建模(防空旅)""确定保障要求(防空旅)";Obj_U_1、Obj_U_2分别表示被赋予角色"任务系统建模人员""任务系统建模管理员"的用户(这里仅考虑执行任务系统建模功能的两种角色)。

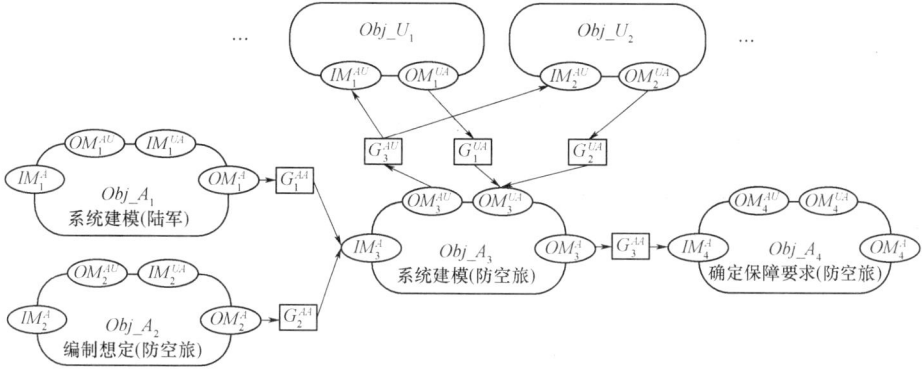

图 4 - 18　基于 OCPN 的控制模型实例

从所构建的局部业务流程来看,"系统建模(陆军)""编制想定(防空旅)"是"系统建模(防空旅)"的前置结点,当他们执行完毕后,分别通过门变迁G_1^{AA}、G_2^{AA}向"系统建模(防空旅)"发送消息;"确定保障要求(防空旅)"是"系统建模(防空旅)"的后置结点,当"系统建模(防空旅)"完成后,通过门变迁G_3^{AA}向"确定保障要求(防空旅)"发送消息。因此,图 4 - 18 所示的控制模型实例给出了由 Obj_A_1、Obj_A_2、Obj_A_3、Obj_A_4组成的基本路由结构。

Obj_U_1 和 Obj_U_2 分别完成"系统建模(防空旅)"中的任务系统建模和审批功能。"系统建模(防空旅)"通过门变迁G_3^{AU}分别向 Obj_U_1 和 Obj_U_2发送消息,以进行任务系统建模和审批;当 Obj_U_1、Obj_U_2完成建模和审批后,分别通过门变迁G_1^{UA}、G_2^{UA}向"系统建模(防空旅)"返回消息。通过业务活动与用户的交互,使用户的访问及操作能够按照业务流程合理而有序地执行。

基于 OCPN 的控制模型实例是其实际应用的重要体现,不仅使业务流程控制和用户访问控制有机结合,也为针对实例进行控制分析提供了基本框架。

4.3.2　基于实例的控制分析

按照 ILSDE 系统控制模型中对象子网的定义,对图 4 - 18 中 Obj_A_3、Obj_U_1 和 Obj_U_2的内部进一步细化,即给出了上述对象内部的库所和变迁构成(图 4 - 19),结合用户权限和业务活动权限的分配、路由规则和数据接口的定义,以及对象之间的交

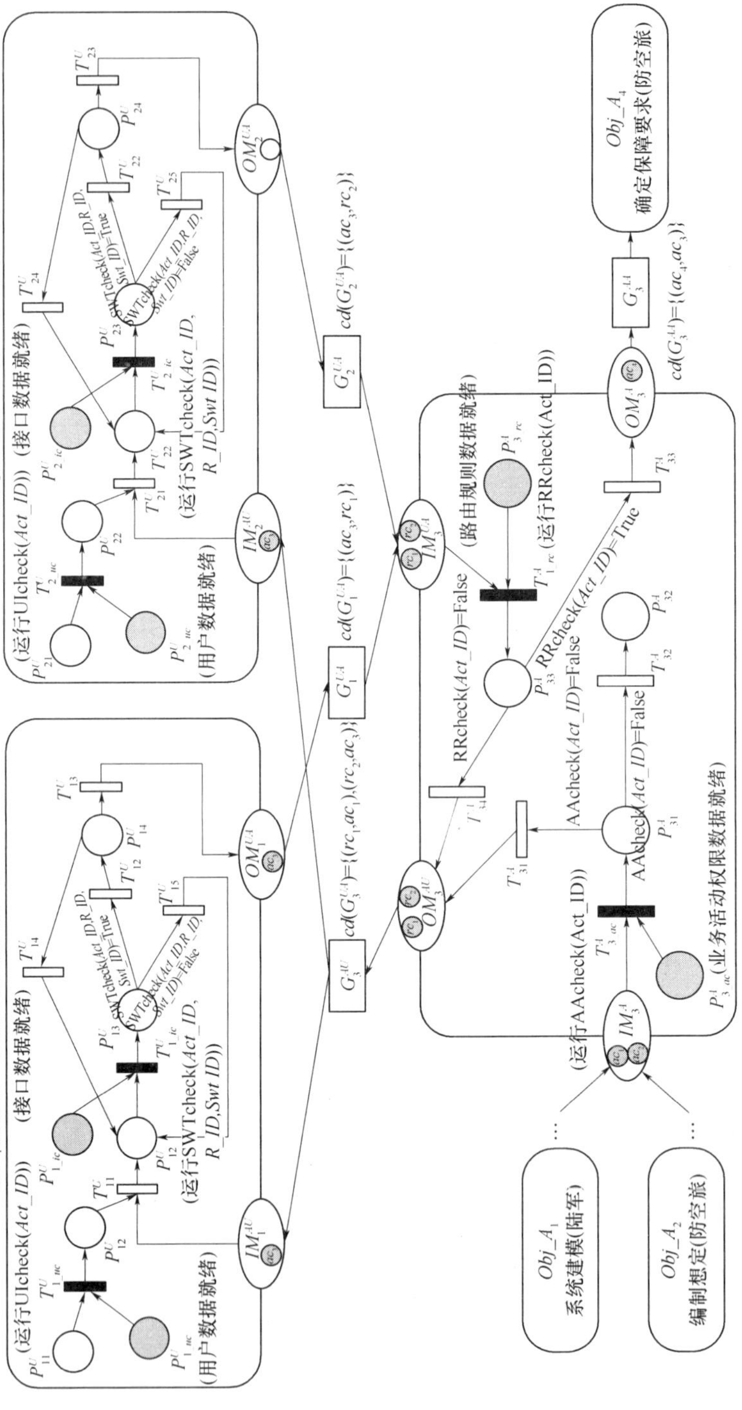

图4-19 对象内部细化的控制模型实例

互机制,进行用户访问和业务流程控制分析以及模型可达性分析。

1. 用户访问控制分析

用户访问控制既包括业务活动对象 Obj_A_3 的授权检查,同时也包括用户对象 Obj_U_1、Obj_U_2 的身份验证和对软件工具运行的检查。

如图 4 - 19 所示,依托控制模型的 Obj_A_3 授权检查过程为:

(1) Obj_A_3 的输入消息库所接收到来自 Obj_A_1 和 Obj_A_2 的消息,业务活动授权信息(表 4 - 4)已建立($P_{i\_ac}^A$ 中有数据托肯)。

表 4 - 4   业务活动授权实例

业务活动	角色	软件工具	数据接口	操作权限
Obj_A_3 系统建模 (防空旅)	任务系统 建模人员	任务系统 建模	MS_DI	p(任务时序模型,$<R>$) p(任务逻辑关系模型,$<R,W,U,D>$)
	任务系统建 模管理员		MS_DI'	p(任务逻辑关系模型,$<R>$) p(任务系统审批,$<R>$)
	…	…	…	…

(2) 变迁 $T_{i\_ac}^A$ 被触发,即调用算法 AAcheck(Act_ID)进行授权检查,输入参数 Act_ID 即为 Obj_A_3 的标识。当 AAcheck(Act_ID)返回结果为 True,则通过授权检查,并可以向各用户发送消息;否则,说明业务活动 Obj_A_3 没有分配权限,因此 Obj_A_3 将被置于"挂起"状态,以重新分配权限后再执行。

如图 4 - 19 所示,依托控制模型的 Obj_U_1 身份验证及数据接口检查过程为:

(1) 用户授权信息(表 4 - 5)已建立($P_{i\_uc}^U$ 中有数据托肯),Obj_U_1 处于准备登录状态,变迁 $T_{k\_uc}^U$ 被触发,即调用算法 UIcheck(U_ID,R_ID)进行身份验证,输入参数 U_ID 为 Obj_U_1 的标识,R_ID 为"任务系统建模人员"的标识。UIcheck(U_ID,R_ID)返回结果为 True,则 Obj_U_1 可以进入系统。

表 4 - 5   用户授权实例

用户	角色	操作权限
Obj_U_1	任务系统建模人员	p(任务时序模型,$<R>$) p(任务逻辑关系模型,$<R,W,U,D>$)
Obj_U_2	任务系统建模管理员	p(任务逻辑关系模型,$<R>$) p(任务系统审批,$<R>$)

（2）Obj_U_1登录后接收来自Obj_A_3的消息，并选择软件工具"任务系统建模"准备执行。当数据接口（表4-6）已定义（$P_{i\_ac}^A$中有数据托肯），变迁$T_{k\_ic}^U$被触发，即调用算法SWTcheck(Act_ID,R_ID,Swt_ID)，输入参数Act_ID为Obj_A_3的标识，R_ID为"任务系统建模人员"的标识，Swt_ID为"任务系统建模"的标识，对应的数据接口为MS_DI。SWTcheck(Act_ID,R_ID,Swt_ID)返回结果为$True$，Obj_U_1可以运行软件工具"任务系统建模"，否则选择其他软件工具或处于等待状态。

对于用户Obj_U_2，其身份验证及软件工具运行检查过程与Obj_U_1相似，同样使用软件工具"任务系统建模"，但所要完成的功能为对任务系统模型进行审批，因此使用的数据接口为表4-6中的MS_DI'。对于其他用户，同样可以按照上述方式进行控制。

表4-6 数据接口实例

数据接口	数据对象	属性	说明
MS_DI	任务时序模型（输入）	☑目标任务名称（Attr_keyinput） ☑任务开始时间 ☑任务结束时间 ☑任务执行主体 ☑任务时序关系（Attr_keyinput） …	描述目标任务时序关系及属性
	任务逻辑关系模型（输出）	☑基本任务名称 ☑任务开始时间 ☑任务结束时间 ☑任务执行主体 ☑任务逻辑关系 …	描述（下级）基本任务逻辑关系及属性
MS_DI'	任务逻辑关系模型（输入）	☑基本任务名称（Attr_keyinput） ☑任务开始时间 ☑任务结束时间 ☑任务执行主体 ☑任务逻辑关系（Attr_keyinput） …	描述（下级）基本任务逻辑关系及属性
	任务系统审批（输出）	☑审批标识 ☑审批意见 …	描述任务系统模型的（审批）状态

2. 业务流程控制分析

如图 4 - 19 所示,Obj_A_1、Obj_A_2、Obj_A_3、Obj_A_4构成了一个局部的业务流程,其路由规则如表 4 - 7 所列,依托控制模型,围绕 Obj_A_3 的业务流程控制如下:

(1) 当条件集合 C_{13}、C_{23} 全部成立时,表明业务活动 Obj_A_1、Obj_A_2 执行完毕,Obj_A_3 将收到来自 Obj_A_1 和 Obj_A_2 的消息,业务活动 Obj_A_3 可以启动。

(2) 当 Obj_A_3 收到来自用户对象 Obj_U_1 和 Obj_U_2 的消息,同时相应的路由规则(表 4 - 7)已建立($P^4_{i\_rc}$ 中有数据托肯),变迁 $T^4_{1\_rc}$ 被触发,即调用算法 RRcheck(Act_ID),输入参数 Act_ID 为 Obj_A_3 的标识。RRcheck(Act_ID) 返回结果为 True 时,表明业务活动 Obj_A_3 执行完毕,可以产生相应的消息托肯,否则将向用户发对象发送消息以重新执行所分配的功能。

表 4 - 7　路由规则实例

规则标识	起始业务活动	终止业务活动	约束条件集合	数据对象属性集合
1	Obj_A_1	Obj_A_3	$C_{13}=\{$ 陆军任务系统模型通过审批, 陆军保障对象系统模型通过审批, 陆军保障系统模型通过审批$\}$	Attrs(C_{13})=｛ 任务系统审批.审批标识(陆军), 保障对象系统模型.审批标识(陆军), 保障系统模型.审批标识(陆军)｝
2	Obj_A_2	Obj_A_3	$C_{23}=\{$防空旅想定通过审批$\}$	Attrs(C_{23})=｛想定.审批标识(防空旅)｝
3	Obj_A_3	Obj_A_4	$C_{34}=\{$ 防空旅任务系统模型通过审批, 防空旅保障对象系统模型通过审批, 防空旅保障系统模型通过审批$\}$	Attrs(C_{34})=｛ 任务系统模型.审批标识(防空旅), 保障对象系统模型.审批标识(防空旅), 保障系统模型.审批标识(防空旅)｝

3. 模型可达性分析

可达性是 Petri 网最基本的动态特性,也是实现对象交互、使用户访问控制与业务流程控制有机结合的关键。对于 ILSDE 系统控制模型,可达性分析主要是为了明确消息库所的状态变化,以及门变迁的触发方式(变迁色),为发现和解决死锁问题提供依据。这里主要围绕 Obj_A_3 及相关业务活动和用户,结合约定的消息颜色,对控制模型的可达性进行分析。

如图 4 - 19 所示,消息库所 IM_3^A 的颜色集为 $\{ac_1,ac_2\}$,分别表示 Obj_A_3 接收来自 Obj_A_1 和 Obj_A_2 的消息;消息库所 OM_3^{AU} 的颜色集为 $\{ac_1,ac_2\}$,分别表示 Obj_A_3 向用户 Obj_U_1 和 Obj_U_2 发送消息,消息库所 IM_1^{AU} 和 IM_2^{AU} 的颜色集都为 $\{ac_3\}$,表示用户 Obj_U_1 和 Obj_U_2 分别接收来自 Obj_A_3 的消息,因此,门变迁 G_3^{AU} 的变迁色 $cd(G_3^{AU}) = \{(rc_1,ac_3),(rc_2,ac_3)\}$;消息库所 OM_1^{UA} 和 OM_2^{UA} 的颜色集都为 $\{ac_3\}$,表示用户 Obj_U_1 和 Obj_U_2 分别向 Obj_A_3 发送消息,消息库所 IM_3^{UA} 的颜色集为 $\{rc_1,rc_2\}$,表示 Obj_A_3 接收来自用户 Obj_U_1 和 Obj_U_2 的消息,因此,门变迁 G_1^{UA} 的变迁色 $cd(G_1^{UA}) = \{(ac_3,rc_1)\}$,门变迁 G_2^{UA} 的变迁色 $cd(G_2^{UA}) = \{(ac_3,rc_2)\}$;消息库所 OM_3^A 的颜色集为 $\{ac_4\}$,表示 Obj_A_3 向 Obj_A_4 发送消息,门变迁 G_3^{AA} 的变迁色 $cd(G_3^{AA}) = \{(ac_4,ac_3)\}$。图 4 - 20 为围绕 Obj_A_3 的控制模型运行可达状态图。

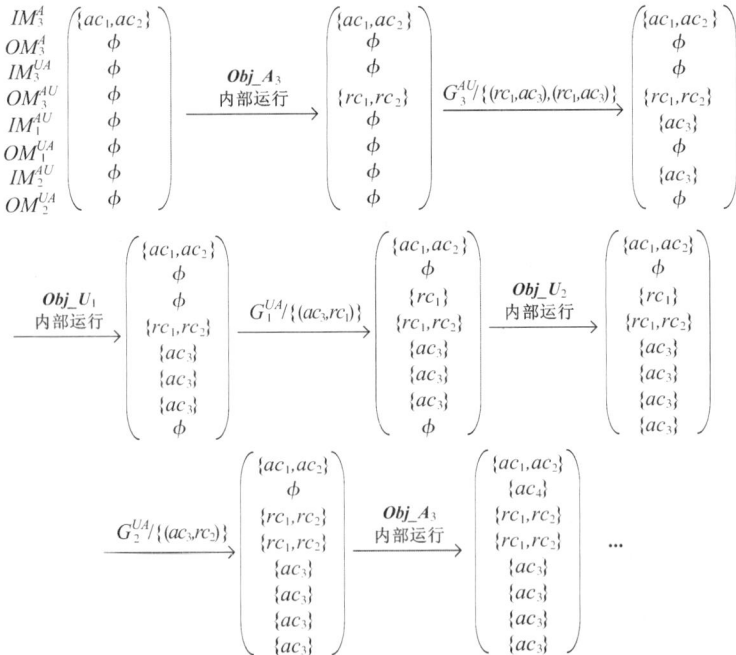

图 4 - 20　基于 Obj_A_3 的控制模型运行可达状态图

通过可达性分析,进一步验证了模型的可行性和有效性。需要注意的是,当用户和业务活动没有授权、数据接口和路由规则没有定义(相关检查算法返回 False)时,约定的消息无法发送或接收,使得门变迁不能触发,而出现死锁现象。此时,需要在 ILSDE 中加入异常处理功能,即在不影响模型正常运行的情况下,通过重新初始化或配置来解决和处理出现的死锁问题。

4.4　本章小结

本章主要对用户访问和业务流程控制进行研究,建立了基于角色的用户权限和业务活动权分配模型,确定了基于用户身份验证、业务活动授权检查、软件工具运行检查的用户访问控制机制;分析了基于路由规则的业务活动控制关系,建立了基于约束条件及数据对象属性的路由规则模型,确定了基于路由规则检查的业务流程控制机制;针对用户访问和业务流程控制机制,给出了相应的权限及规则检查方法和算法。在上述研究的基础上,利用有色 Petri 网和面向对象技术定义并建立了基于 OCPN 的系统控制模型,使用户访问控制、业务流程控制能够与装备综合保障业务流程的运行动态结合,以形成一个统一的有机整体。最后,结合实例对建立的 ILSDE 系统控制模型进行了应用和验证。

参 考 文 献

[1] 张劲松,肖人彬. 虚拟企业环境下的协同产品开发链[M].武汉：华中科技大学出版社,2007.

[2] 袁崇义. Petri 网原理与应用[M]. 北京:电子工业出版社,2005.

[3] 曲长征. 基于 Petri 网的维修机构模型及其应用研究[D].石家庄:军械工程学院,2008.4

[4] 林金娇. 业务规则与企业协作系统适应性的研究[D].山东大学,2008,4.

[5] 李春芳,骆盈盈,谭庆平. 基于业务规则的工作流管理系统模型[J].计算机工程与设计,2006,27(20);3861 – 3863.

[6] 杜栓柱,池成忠,赵会娟. 分离业务规则和过程流的业务过程模型研究[J].计算机工程与应用,2007,43(15):238 – 241.

[7] 林金娇,王海洋. 基于业务行为与业务对象约束的业务规则研究[J].计算机科学,2006,33(11):256 – 258.

[8] 吴哲辉 Petri 网导论[M].北京:机械工业出版社,2006.

［9］ 罗雪山,罗爱民,张耀鸿,等. Petri 网在 CISR 系统建模、仿真与分析中的应用［M］.长沙：国防科技大学出版社, 2007.

［10］ Toshiyuki Miyamoto, Sadatoshi Kumagai. Application of Object – Oriented Petri Nets to Industrial Electronics［C］. Th 33rd Annual Coference of the IEEE Industrial Electronics Society, 2007, 64 – 69.

［11］ Xin Liu, Guisheng Yin, Ziying Zhang. A Kind of Object – Oriented Petri Net and its Application［C］. 2008 International Conference on Internet Computering in Science and Engineering, 2009, 541 – 544.

［12］ Chunlai Zhou, Zhigang Li, Yongbin Wang, Assembly Organization Model of Collaborative Design Based on Object – Oriented Petri Net［C］. Proceedings of the 2006 IEEE International Conference on Information Acquisition, 2006, 770 – 775.

［13］ Xiaoning Feng, Qun Liu, Zhuo Wang. AUV Modeling and Analysis using a Colored Object – Oriented Petri Net［C］. Proceedings of the First International Multi – Symposiums and Computer and Computational Sciences, 2006, 405 – 409.

［14］ Bhushan E. Bauskar, Boleslaw Mikolajczak. Abstract Node Method for Integration of Object – Oriented Design with Colored Petri Nets［C］. Proceedings of the Third International Conference on Information Technology: New Generations, 2006,680 – 687.

第5章 面向服务的装备 ILSDE
系统设计及实现

面向服务的体系结构(Service – Oriented Architecture，SOA)是具有分布、协同、共享特征的软件体系结构，而面向服务的核心是服务描述与抽象，即如何将业务功能划分为一系列粒度适合、可重用以及松散耦合的服务。利用这一思想，本书进行面向服务的装备使用过程综合保障数据环境设计，包括服务描述、控制引擎、系统结构及数据库。

5.1 系统实现存在的问题

软件开发方法经历了面向过程、面向对象、面向组件等阶段，每一种方法都解决了特定的问题。在基于中间件的面向组件软件开发方法中，业务逻辑被抽象成一个个组件，并放置于中间层的应用服务器上运行，由应用服务器中的中间件负责各个组件所需的事务和安全、管理和监控等基础服务。然而，一旦选定了一种中间件平台(如 J2EE、.NET、CORBA 等)之后，几乎所有的应用软件组件都将围绕所选定的中间件平台搭建。因此，在进行装备使用过程 ILSDE 设计与实现时，主要存在两个方面的问题(图 5 – 1)：

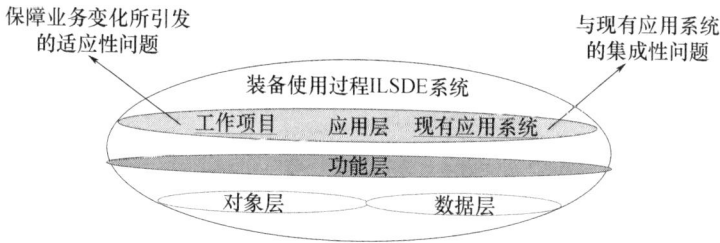

图 5 – 1 ILSDE 系统实现存在的问题

1. 适应性问题

保障业务需求在不断发展和变化,非常需要一个灵活的信息技术构架,以支持业务目标,建立可分析、可快速调整的综合保障工作项目及业务流程,达到随需应变的管理机制。然而,基于中间件等现有开发方法的应用耦合度过高,导致技术构架无法适应不断变化和发展的业务应用需求。

2. 集成性问题

随着各种应用软件的不断开发,一个个"应用孤岛"在无形中形成,如何集成各种应用软件、解决异构系统之间的整合,成为基于中间件的面向组件开发技术所面临的重要问题,而装备综合保障数据环境的设计与实现也同样面临这一问题。同时,现有系统由于具有重要的业务价值,也很难被抛弃,这就需要将现有系统与新的应用平台、开发技术有效结合,因此,迫切需要一种更健壮的体系结构来实现简单、快速、安全的系统、应用程序集成。

随着网络技术的发展,Web Service 使面向服务的设计思想得以实现,面向服务通过松耦合、灵活性以及与业务保持一致,来有效解决上述问题。这里需要注意的是,面向服务的设计并不是对面向对象、面向组件方法的否定或取代,面向服务的系统中同样有可能使用面向对象方法来构建单个服务。因此,面向服务与面向对象并不是对立关系,而是对面向对象方法的补充和完善。本书将采用面向服务的方法进行装备综合保障数据环境设计及实现。

5.2　服务概述

为了进行面向服务的设计,这里主要介绍服务的基本概念和面向服务的体系结构,以明确服务的特点、分类以及面向服务设计的主要环节。

5.2.1　基本概念

1. 服务概念与特点

当前,存在着从不同方面、不同角度对服务的定义。

"服务是一类自治的、平台独立的计算元素,采用基于 XML 的方式对其进行描述、发布、发现及组合,从而能够支持大规模分布式应用的构造。"

"服务是独立于特定平台及实现的软件组件,它能够被一个服务描述语言描述,在一个服务注册库发布,通过标准的机制发现,基于网络调用以及与其他服务组合。"

虽然上述定义都是从不同的角度来观察服务而得到的,但总体来看,服务主要从两个方面理解:从业务角度(服务的使用者)来看,服务是对于真实业务活动或可识别业务功能的信息技术资源,而服务策略规定了哪些人或事物可以使用该服务、何时可以使用该服务、该服务的安全等级和性能等级等;从技术角度(服务提供者)来看,服务是具有一定粒度的、可重用的信息技术资源,良好的接口定义(服务契约)令服务的外部接口与内部技术实现相分离。因此,本质上讲服务就是业务功能的技术实现,并将业务功能与技术相分离。

除了上述理解之外,还要特别注意服务所具有的以下特点:

(1)服务是可重用的。面向服务要求每个服务都应具有潜在的可重用性,能够适应未来需求而不增加开发负担。这一特点增加了可重用的形式,包括应用间互操作性、组合以及交叉或者工具服务的创建。由于服务是业务功能的技术实现,是相关操作的简单集合,因此由各个操作所封装的逻辑必须被认为是可重用的,以表明为可重用的服务,如图 5 - 2 所示,不同层次的作战和保障部门都会请求和调用"系统建模"中的"任务系统建模""保障对象系统建模""保障系统建模"操作。

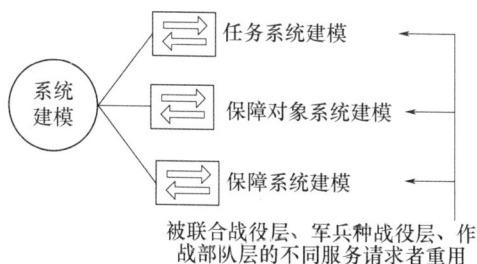

图 5 - 2　服务中的可重用操作

(2)服务契约。服务契约用于解释服务如何完成一项业务功能或活动。由于契约是服务之间共享的,服务请求者会对其所同意的契约有依赖性。因此,契约发布后需要谨慎维护和修改。如图 5 - 3 所示,服务契约提供如下的正式定义:

① 服务端点(谁提供服务)。

② 每个服务的操作(服务内容)。

③ 由每个操作所支持的输入与输出消息。

④ 服务及其操作的规则与特征。

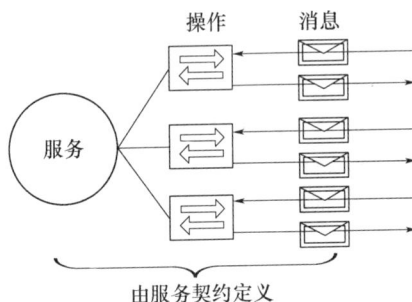

图 5-3 定义服务、操作和消息的服务契约

(3) 服务是松耦合的。服务是松散耦合和异构的,服务的使用者和提供者可以分布部署,可以位于不同的系统平台上,可以使用不同的技术。这一特点正是应用面向服务的重要目的,从而能够最终有效地对无法预料的变化做出响应,图 5-4 为服务使用者与提供者在底层逻辑、编程语言、平台方面的松散耦合关系。

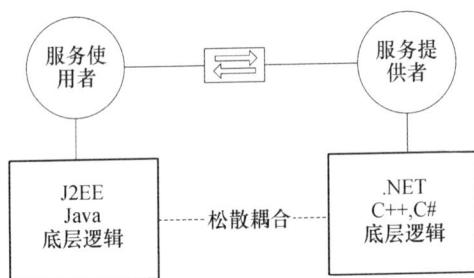

图 5-4 服务使用者与服务提供者之间的松散耦合关系

2. 服务分类

服务具有一定的粒度,代表不同的业务需求,有的服务可以简单、快速地执行,有的服务需要执行复杂的业务流程。为了更好地把握服务特性以及对服务进行描述,这里主要将服务划分为基本服务、组合服务和流程服务。

(1) 基本服务。基本服务也称为原子服务,即不可再分解为更细粒度的服务。每个基本服务提供一个基本的业务功能(不需要再进一步拆分)。对于一个特定问题领域,这些服务提供了一个基础的业务层,如图 5-5 所示,"联合作战装备综合保障分析与评价"中的"想定编辑""想定审批""任务系统建模""保障对象系统建模"等保障业务功能都可以作为基本服务。

（2）组合服务。组合服务是由基本服务和其他组合服务组合而成的服务。从现有服务中组合出新的服务被称为"配制"，组合服务也称为"配制服务"。组合服务体现了一个"微流"，即在业务流程内部短期运转的活动流，如图 5 – 5 所示，"任务系统建模""保障对象系统建模""保障系统建模"三个基本服务组成了业务流程内部的"微流"，即业务活动"系统建模"。

（3）流程服务。流程服务代表长期运行的工作流或业务流程，是一种特殊的组合服务。如图 5 –5 所示，与基本服务、一般组合服务不同，"联合作战装备综合保障分析与评价"业务流程的运行需要跟踪流程状态并保存状态信息，因此流程服务通常有稳定的状态。从业务的观点看，流程服务代表了"宏流"，是可（被人工干预）中断的长期运行的活动流。

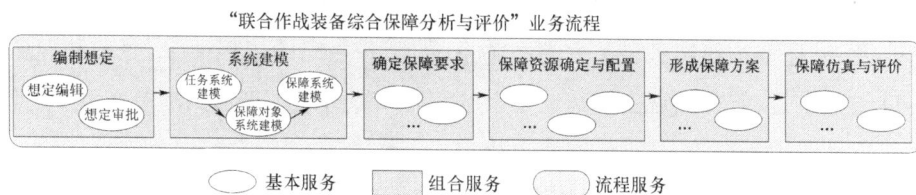

图 5 – 5　基本服务、组合服务和流程服务的关系

上述三种服务分别构成了不同层次的面向服务构架，每个层次显示了服务的不同粒度，以满足不同的业务需求。

5.2.2　面向服务体系结构

面向服务的思想主要是通过 Web Service 技术实现的，图 5 – 6 为基于 Web 的面向服务体系结构，定义了三种角色（服务使用者、服务提供者和服务注册中心）、三种基本操作（发布、发现和绑定）及其相互关系。服务使用者和服务提供者的划分是逻辑意义上的，多数情况下服务实体可以同时这两者角色。模型中使用 WSDL（Web Service 描述语言）进行服务描述，使用 UDDI（通用描述、发现和集成）进行服务注册，使用 SOAP（简单对象访问协议）进行消息交互。

由上述体系结构可以确定面向服务设计的主要环节，即服务发现、服务描述和服务实现。服务发现就是从业务流程及活动中提取服务，服务的提取可以通

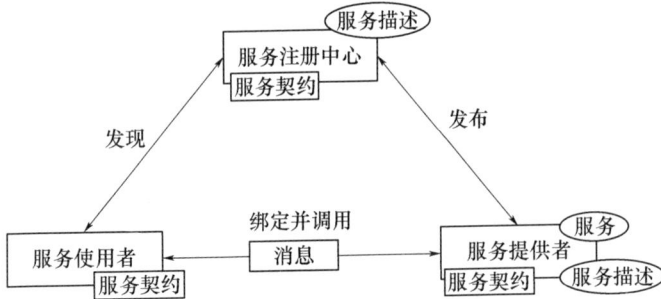

图 5 - 6　面向服务体系结构

过自上而下(业务领域分解)、自下而上(现有系统分析)等方式,确定一定业务范围内可能成为服务的候选者;服务描述是设计的关键,主要任务是定义服务契约,包括规范性描述服务各方面的属性,如输入、输出消息等功能属性,服务安全约束和响应时间等服务质量约束,以及业务方面的诸多属性,如业务规则、事件等。此外,还要描述服务相关方面的关系,如服务之间的依赖关系、服务和业务组件的关系等;服务实现主要是通过设计和开发服务组件来落实服务契约,服务组件依赖于服务契约,与具体的实现技术和工具无关。

在面向服务的装备综合保障数据环境设计中,本书将结合应用实例重点进行服务描述。

5.3　面向服务的装备 ILSDE 系统设计

根据服务的特点、分类以及面向服务设计的主要环节,在装备使用过程 ILSDE 设计中引入服务概念,主要进行服务描述、系统控制引擎设计、建立面向服务的 ILSDE 系统结构和系统数据库。

5.3.1　服务描述

基于服务设计的基本思想就是将综合保障业务流程、活动及功能以 Web Service 的形式描述,以满足 ILSDE 系统的集成性、灵活性以及与综合保障业务保持一致。每种服务都有一个良好定义的、正式的接口,即服务契约,它明确规定了服务的功能,使服务提供者和使用者能够更好地理解同一服务,是服务访问

接口与服务技术实现相分离的关键。作为服务提供和使用的重要接口,服务契约主要包括以下元素:

(1) 服务名称及描述。

(2) 提供者。

(3) 版本号(服务更新状态)。

(4) 发布时间。

(5) 服务类型(基本、组合和流程)。

(6) 前置/后置条件。

(7) 输入/输出数据。

(8) 非功能信息。

上述元素中,前置/后置条件、输入/输出数据是服务契约的核心,也是服务有效提供和使用的关键。前置条件是指调用服务之前必须满足的条件,后置条件是服务执行完毕后所发生的状态变化;输入/输出数据是指服务执行所使用和产生的数据。此外,非功能信息主要描述服务质量、运行效果等特性。

按照服务契约的组成元素,可以通过形式化描述来建立服务模型。如图 5 - 7 所示,服务模型由 Services、InputData、OutPutData、PreCondition、PostCondition、NonFunction 组成。

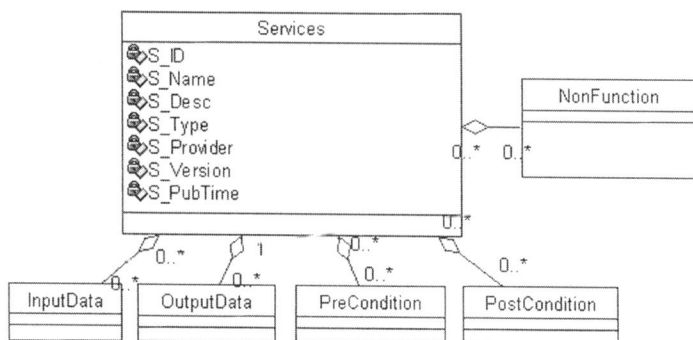

图 5 - 7　服务模型

描述服务的基本信息,包括标识 S_ID、名称 S_Name、功能描述 S_Desc、服务类型 S_Type、服务提供者 S_Provider、服务版本 S_Version、发布时间 S_PubTime 等属性;InputData 为服务输入数据,与 Services 为多对多关系;OutputData 为服务输出数据,与 Services 为多对一关系;PreCondition、PostConditin 分别为服务的

131

前置、后置条件,与 Services 分别为多对多关系;NonFunction 为服务的非功能属性信息,与 Services 为多对多关系。

根据服务模型,这里结合"联合作战装备综合保障分析与评价"工作给出服务描述实例。由图 5-8 可知,"系统建模"主要功能包括任务系统建模、任务系统建模审批、保障对象系统建模、保障对象系统建模审批、保障系统建模、保障系统建模审批,这些功能通常通过独立的软件工具实现,因此可以作为基本服务来描述。

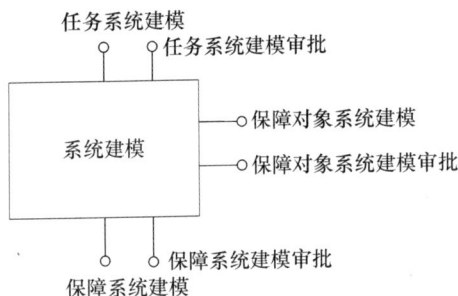

图 5-8 "系统建模"的服务组成

表 5-1 给出了防空旅任务系统建模、任务系统建模审批的服务描述,其中输入/输出数据已在数据接口描述中给出。在服务的实现过程中,其相关描述主要通过 WSDL 来定义,WSDL 是一种标准、可扩展的、基于 XML 的服务描述语言。WSDL 服务描述将在下一节结合 ILSDE 系统实现给出。

表 5-1 防空旅"系统建模"的基本服务描述

基本服务	前置条件	后置条件	输入/输出数据
任务系统建模	防空旅想定编制完成;陆军系统建模完成	任务系统建模审批就绪(可执行状态)	数据接口(表4-6)
任务系统建模审批	任务系统建模提交完成	保障对象系统建模就绪(可执行状态)	数据接口(表4-6)
保障对象系统建模	任务系统建模审批完成	保障对象系统建模审批(可执行状态)	…
保障对象系统建模审批	保障对象系统建模提交完成	保障系统建模就绪(可执行状态)	…
保障系统建模	保障对象系统建模审批完成	保障系统建模审批就绪(可执行状态)	…
保障系统建模审批	保障系统建模提交完成	防空旅系统建模完成	…

5.3.2   控制引擎

控制引擎是 ILSDE 系统组成的核心,根据业务流程的要求进行服务调度与管理,为业务流程实例的运行提供支持。基于服务的控制引擎设计也是 ILSDE 系统实现的关键。

5.3.2.1   系统控制实现模型

根据对服务的形式化描述,在基于 OCPN 的 ILSDE 系统控制模型中引入不同类型服务及相关要素,如基本服务、组合服务、服务契约等,建立基于服务的 ILSDE 系统控制模型,在此基础上给出控制引擎结构及设计相关类。

建立基于服务的 ILSDE 系统控制模型,应首先将基于 OCPN 的系统控制模型组成要素进行转化(图 5 - 9),主要包括:

1. 业务流程及活动、用户功能转化

在基于 OCPN 的 ILSDE 系统控制模型中,包含了对业务流程、活动的操作以及用户的相关功能,这些功能将被转换为不同粒度的服务,即基本服务、组合服务和流程服务。任何一种功能包括对数据的基本操作都可以作为服务,因此,服务粒度的控制与把握是对象功能转化的关键。粗粒度服务适于特定业务功能的完整处理,如业务流程、业务活动都属于完整业务活动的执行,可以作为粗粒度服务;细粒度服务可为使用者提供更多的灵活性,适于定义重用性更强的一些业务功能或系统功能,如"业务活动授权检查"是各种业务活动都要执行的一项基本功能,"想定编辑"和"任务系统建模"等也是联合战役层、军兵种战役层和作

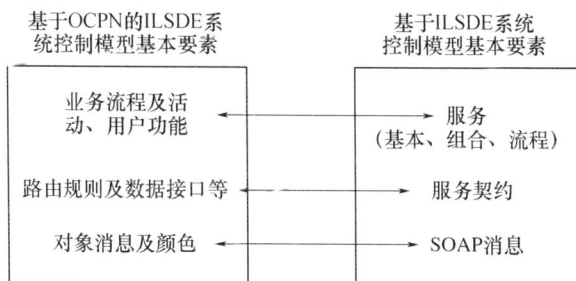

图 5 - 9   ILSDE 系统控制模型转化

战部队层都要执行的基本功能,因此这些功能应定义为细粒度服务。

2. 路由规则及数据接口等转化

路由规则及数据接口、业务活动授权信息等是基于 OCPN 的 ILSDE 系统控制模型的关键,这些信息主要通过 Web Service 的 WSDL 来描述并封装在相应的服务契约中。如路由规则可以作为流程服务的服务契约(前置或后置条件),以规范对不同组合服务的调用;业务活动授权信息可以作为"编制想定"和"系统建模"等组合服务的服务契约(前置条件),以确定其能否正常运行;数据接口可以作为"想定编辑"和"任务系统建模"等基本服务的服务契约(输入/输出数据),以规范服务组件的设计和实现。

3. 对象消息及颜色转化

基于 OCPN 的 ILSDE 系统控制模型中,消息主要是用于对象之间的交互,也是实现用户访问控制和业务流程控制有机结合的一种基本方式。在基于服务的系统控制模型中,对象消息及颜色将以 SOAP(简单对象访问协议)消息的形式出现,SOAP 是用于分布式环境中交换信息的协议,是 Web Service 的一项关键技术。SOAP 消息是一个 XML 文档,封装了消息内容、发送者和接收者(对象消息颜色)、应用程序所需的数据类型、远程过程调用及应答协定等。通过 SOAP 消息,服务使用者与服务提供者可以在同构或异构平台之间进行通信。

通过对基于 OCPN 的系统控制模型基本要素的转化,可以建立基于服务的 ILSDE 系统控制模型(图 5 - 10),模型主要由流程服务、组合服务和基本服务及其服务契约以及 SOAP 消息组成。业务流程是工作项目实施的具体体现,在实例化的基础上通过流程服务实现,流程服务可以根据其服务契约调用相应的组合服务或基本服务;组合服务是一个相对完整的业务处理,主要对应于业务流程中业务活动的运行和用户运行,组合服务既可以被流程服务调用,也可以按照其服务契约调用相应的基本服务;基本服务主要是重用性较强的保障业务功能或系统功能,如软件工具运行、用户身份验证(UIcheck(U_ID,R_ID))等控制算法等,可以被流程服务和组合服务调用,基本服务主要通过独立于实现平台、技术及工具的服务组件来实现。由于业务流程本身只定义业务活动之间的逻辑关系,因此在实现模型中其被转化为对不同类型服务的调度和协调,而具体的功能则由所调用的服务及组件来实现,并通过 XML 形式的 SOAP 消息关联,使业务流程与所调用的服务形成松耦合关系。同时,一个服务也可以被多个业务流程调用,服务的重用性也使其能够快速响应业务流程的动态变化。

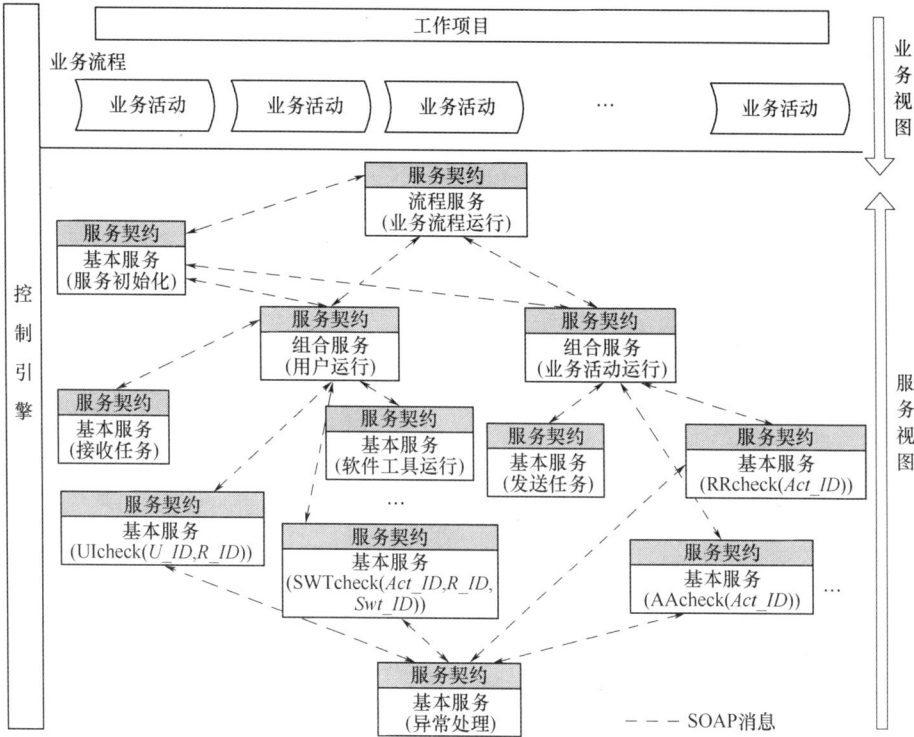

图 5 - 10 　基于服务的 ILSDE 系统控制模型

5.3.2.2　控制引擎结构

根据基于服务的 ILSDE 系统控制模型,首先分析其运行过程,在此基础上确定控制引擎的组成和结构。

如图 5 - 11 所示,ILSDE 系统控制模型运行过程如下:

当开始一个业务流程时,首先要对流程服务和组合服务进行初始化处理,以支持业务流程及活动运行、用户登录。

首先以调用流程服务的形式启动业务流程。

以调用组合服务的形式进行业务活动运行,调用 AAcheck(Act_ID) 进行业务活动授权检查,当执行结果为"是"时,业务活动向用户发送消息,否则进行异

```
                    ①服务初始化

    ②启动业务流程          ⑥用户登录
    （流程服务）    ⑭异常处理    （组合服务）

    ③业务活动运行            ⑦调用
    （组合服务）          UIcheck(Act_ID)

    ④调用
    (AAcheck(Act_ID)

         执行结果?   否      否   执行结果?
            是                    是

    ⑤业务活动发送消息        ⑧用户接收消息

    ⑫业务活动接收消息         ⑨调用
                      SWTcheck(Act_ID,R_ID,Swt_ID)

    ⑬调用               否    执行结果?
    (RRcheck(Act_ID)            是

   否  执行结果?          ⑩软件工具运行
            是
   否  是否为业务        ⑪用户发送消息
       流程终点
            是
       ⑮结束
```

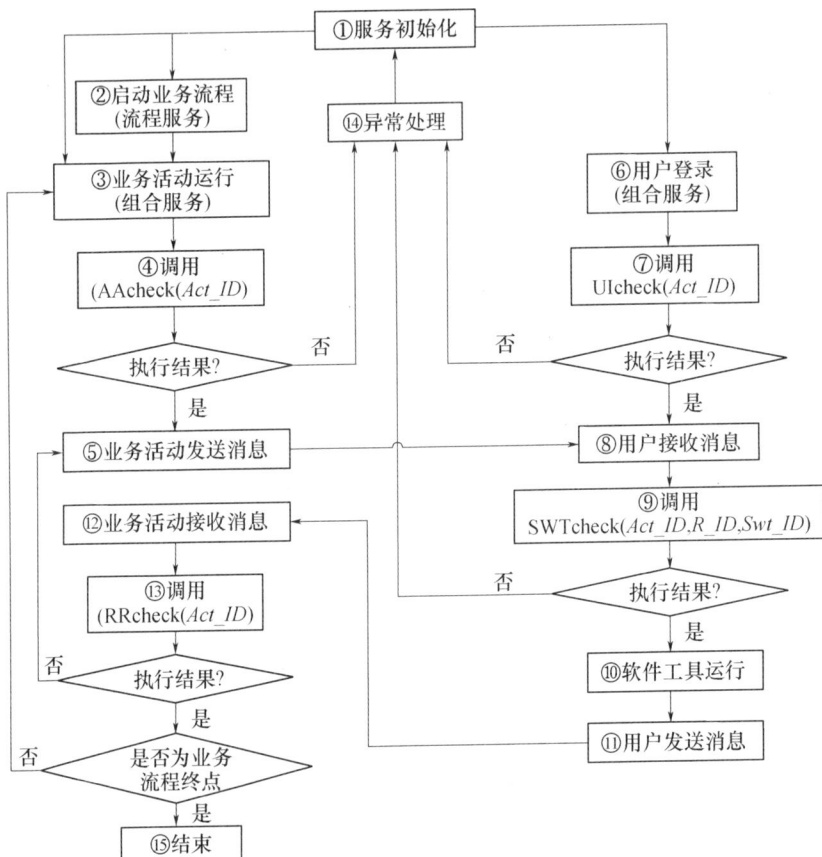

图 5-11　ILSDE 系统控制模型运行过程

常处理。

以调用组合服务的形式完成用户登录,调用 UIcheck(*Act_ID*)进行用户身份验证,当执行结果为"是"时,用户接收来自业务活动消息,否则进行异常处理;调用 SWTcheck(*Act_ID*,*R_ID*,*Swt_ID*)进行软件工具运行检查,当执行结果为"是"时,运行相应的软件工具,否则进行异常处理;运行完成后向业务活动发送消息。

业务活动接收用户消息后,调用 RRcheck(*Act_ID*)进行路由规则检查,当执行结果为"否"时,返回⑤重新向用户发送消息,否则检查业务流程运行是否结束;检查结果为"否"时,返回③继续执行其他业务活动,否则业务流程运行结束。

136

异常处理主要根据返回的错误信息,对相应的服务重新进行初始化。

基于服务的系统控制引擎负责业务流程的解释和执行,并对业务流程运行所涉及的不同服务进行管理和调度,如图 5 - 12 所示,主要由业务流程执行器、消息路由器、服务调度器和异常处理器组成。

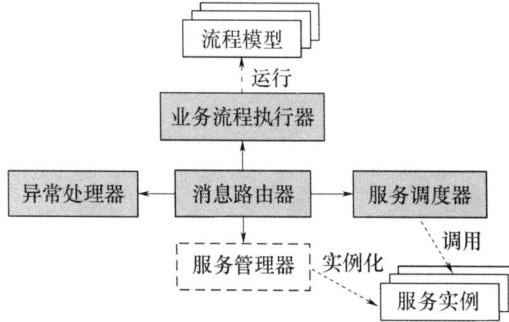

图 5 - 12　ILSDE 系统控制引擎结构

业务流程执行器:主要负责业务流程的初始化及运行。业务流程执行器从数据库中读取流程模型,按照业务功能及要求进行初始化,并通过发送 SOAP 消息请求服务。

消息路由器:即消息解释器,通过识别 SOAP 消息,使业务流程(业务活动)与所需服务关联,并实现不同类型服务之间的相互调用。消息路由器负责接收服务使用者的服务调用请求,并执行结果返回给服务使用者。

服务调度器:主要负责对服务调用的处理,根据消息路由器的分析结果,调度使用者所需的服务,并将调用结果返回给消息路由器。

异常处理器:主要对业务流程执行过程中的异常事件进行处理,如服务调用不成功等。异常处理器捕捉消息路由器中的异常消息,将出现调用不成功的服务返回给服务管理器,以便对其进行修改或重新描述。

除了上述主要组成部分外,控制引擎的运行还需要业务流程管理、服务管理和消息管理等功能的支持。

5.3.3　ILSDE 系统结构

第 2 章给出了 ILSDE 系统的基本结构,通过进行服务描述、建立基于服务的系统控制模型以及控制引擎设计,对其进一步改进和完善,建立面向服务的

ILSDE 系统结构(图 5 - 13),主要包括应用层、服务层、实现层、数据层和功能层。

与图 2 - 13 相比,面向服务的 ILSDE 系统结构将对象层扩展为服务层和实现层,同时在功能层中增加了服务管理、控制引擎、组件管理等功能。这里主要介绍服务层、实现层和功能层。

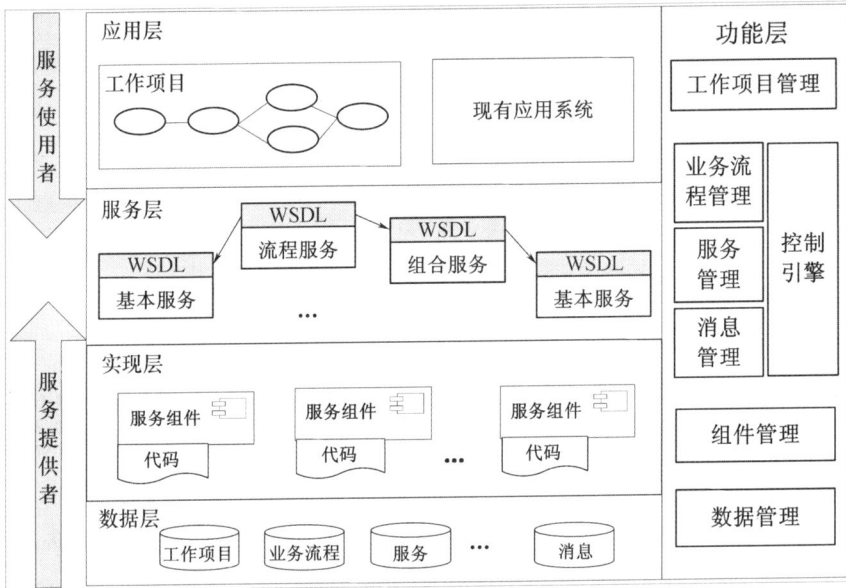

图 5 - 13　面向服务的 ILSDE 系统结构

1. 服务层

服务层是 ILSDE 系统结构的核心,也是应用层与实现层进行"互动"的关键。服务层包含不同粒度的服务,工作项目所包含的业务流程作为流程服务运行,业务活动及其相关用户作为组合服务运行,业务活动所包含的软件工具作为基本服务运行,此外,业务流程管理与控制、业务活动管理、软件工具管理等系统功能也可以作为基本服务运行,上述服务主要使用 WSDL 来描述。通过服务描述,使服务使用者与服务提供者之间实现松散耦合,使业务需求与业务实现相分离。

2. 实现层

实现层即服务组件层,由不同的服务组件组成。服务组件是一个业务逻辑单元,是通过配置生成的一个实现实例,既可以被其他实例调用(提供服务),也可以调用其他实例(使用服务)。服务组件主要包括以下四个部分(图 5 - 14)。

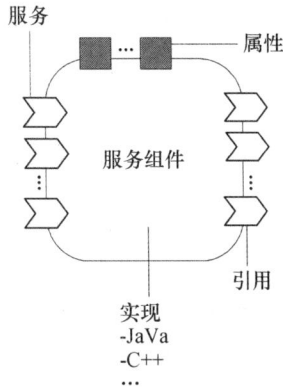

图 5 - 14　服务组件组成部分

服务(Service):用接口的形式描述该服务组件提供什么样的服务,以被其他组件调用。

实现(Implementation):以编码(或实现类)的方式实现上面所定义的服务。组件实现并不限定实现技术,即编程语言、底层框架和运行环境,每一个具体的实现通过实现类型(代表一种特定的实现技术)区分。对具体编程工具来说,就是一个接口实现类(特定业务功能的代码段)。

引用(Reference):以接口的方式描述对其他组件的调用。

属性(Properties):用于在组件实现过程中输入属性参数。

3. 功能层

由于进行面向服务的设计,对原有功能层进行了扩展。服务管理包括服务创建和维护、服务实例化等,其中用户、角色、软件工具等对象的管理与控制将转化为服务;消息管理主要功能是定义、识别、发送和接收消息;组件管理主要功能是创建、描述和配置服务组件。控制引擎用于用户访问控制和业务流程控制,主要功能包括业务流程运行、服务调度、消息解释与处理、异常事件处理等,同时需要业务流程管理、服务管理、消息管理的支持。

随着服务层、实现层的出现以及功能层的扩展,ILSDE 系统的数据层也将发生变化,下一节将重点介绍系统数据库的组成及关系。

5.3.4 系统数据库

在对系统控制机制、方法和模型进行研究、以及构建基于服务的系统控制引擎和系统结构的基础上,对已建立的逻辑数据模型进行扩展和转化,以生成 ILSDE 系统数据库。这里主要从系统组织、管理和控制三个方面给出相关数据库及关系。

1. 系统组织相关数据库

系统组织主要描述 ILSDE 系统管理和综合保障业务机构的层次及组成,即包含哪些角色和用户以及相互关系,如图 5 – 15 所示,其相关数据库主要包括"组织机构""用户""角色"等,其中"组织机构与角色"反映"组织机构"与"角色"的多对多关系。

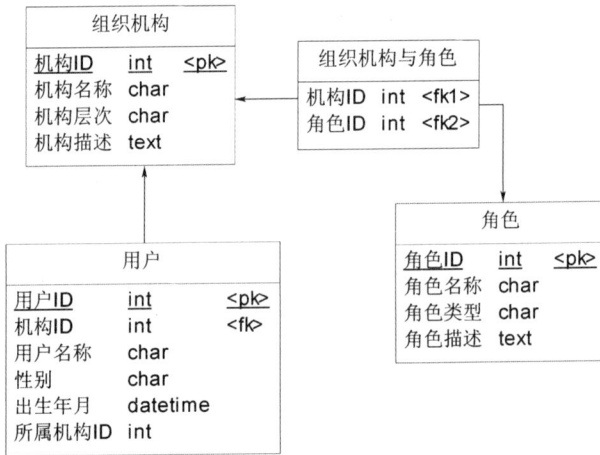

图 5 – 15　系统组织相关数据库及关系

2. 系统管理相关数据库

系统管理涉及工作项目以及业务流程、服务等。如图 5 – 16 所示,在逻辑数据模型的基础上,给出工作项目管理相关数据库,通过"工作项目""业务活动""业务流程"等描述综合保障工作项目的组成,即所包含的业务流程、活动及关系,其中"项目与流程及活动"反映了"工作项目""业务活动""业务流程"三者之间的多对多关系。

服务管理主要是将业务流程、业务活动及软件工具所代表的业务功能映射

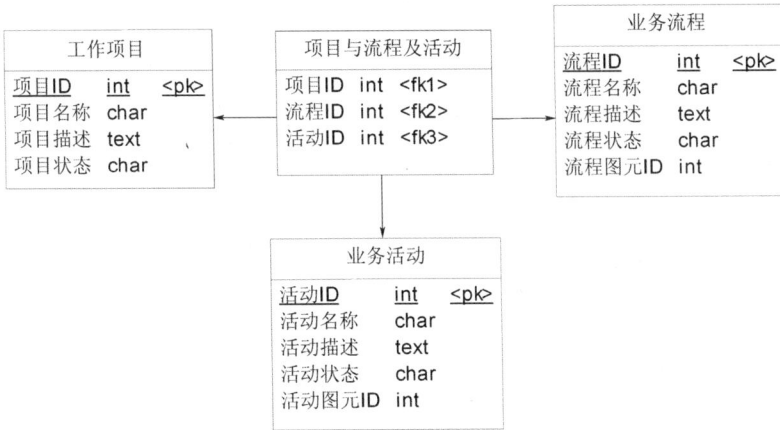

图 5 - 16　工作项目管理相关数据库及关系

为不同类型(粒度)的服务。如图 5 - 17 所示,数据库"服务"分别与"业务流程"
"业务活动"和"软件工具"建立一对一的关联关系,同时要通过"服务契约"来
定义不同服务的输入/输出数据、前置/后置条件等。

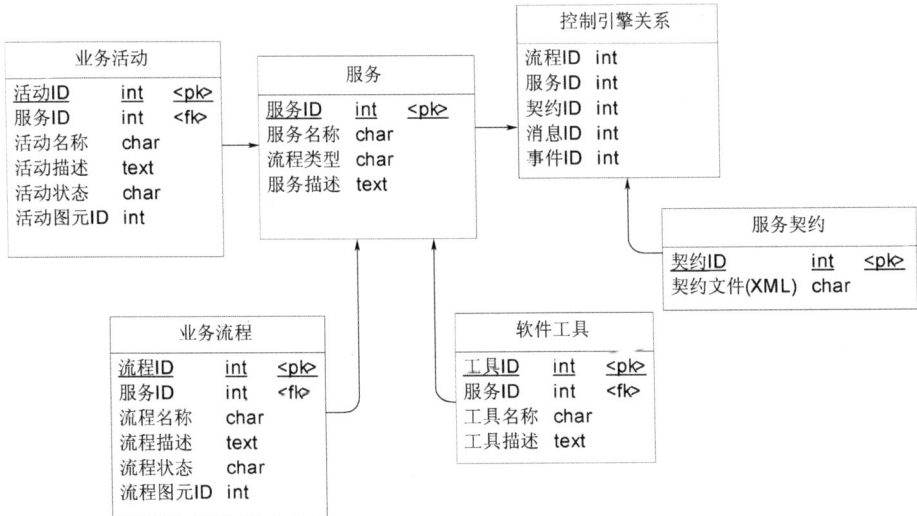

图 5 - 17　服务管理相关数据库及关系

3. 系统控制相关数据库

　　ILSDE 系统控制主要针对用户访问和业务流程,从系统控制研究以及面向
服务的设计来看,确定用户权限信息、业务活动授权信息、路由规则信息以及基

于服务的控制引擎信息是实现系统有效控制的关键。

　　用户权限主要表现为对数据对象的操作(读、写、删除等),并通过角色来赋予。根据用户权限模型,图5-18给出了其相关数据库,除了"用户""角色"外,还包括"数据对象"和"操作权限",其中"数据对象"反映了用户所要操作和访问的综合保障数据(字段"数据库表名"),"用户权限关系"则反映了"用户""角色""数对象"和"操作权限"的多对多关系。

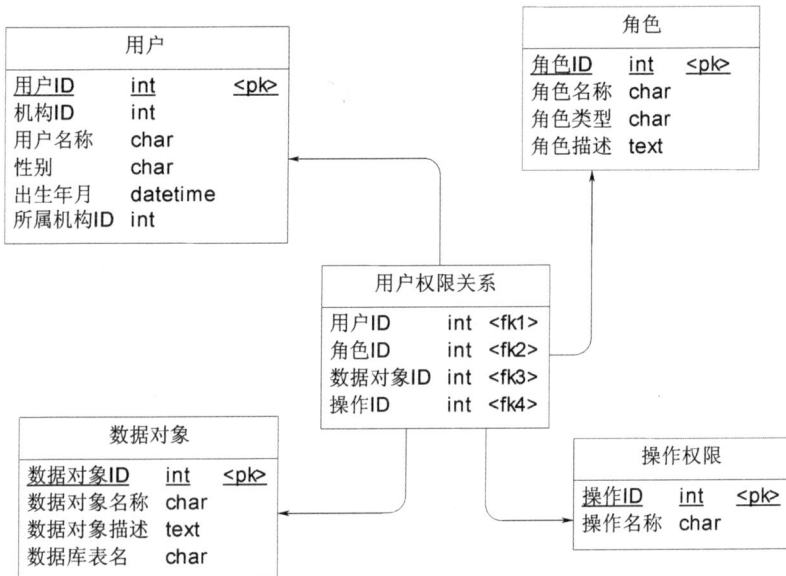

图5-18　用户权限相关数据库

　　业务活动权限不仅要明确由哪些用户(赋予角色)来执行,还要确定所使用的软件工具及数据接口。根据业务活动权限模型,图5-19给出了其相关数据库,其中"业务活动权限关系"反映了"业务活动""角色""软件工具"等数据库的多对多关系,上述数据库可以生成业务活动权限信息。此外,"数据接口""数据对象""数据对象属性"和"操作权限"还可以生成数据接口信息,为软件工具运行检查提供数据支持。

　　路由规则主要包括路由结构、约束条件及相关数据对象的属性。根据路由规则模型,图5-20给出了其相关数据库,其中"路由规则关系"反映了"路由结构""约束条件"等数据库的多对多关系,上述数据库可以生成路由规则信息,为业务流程控制提供数据支持。

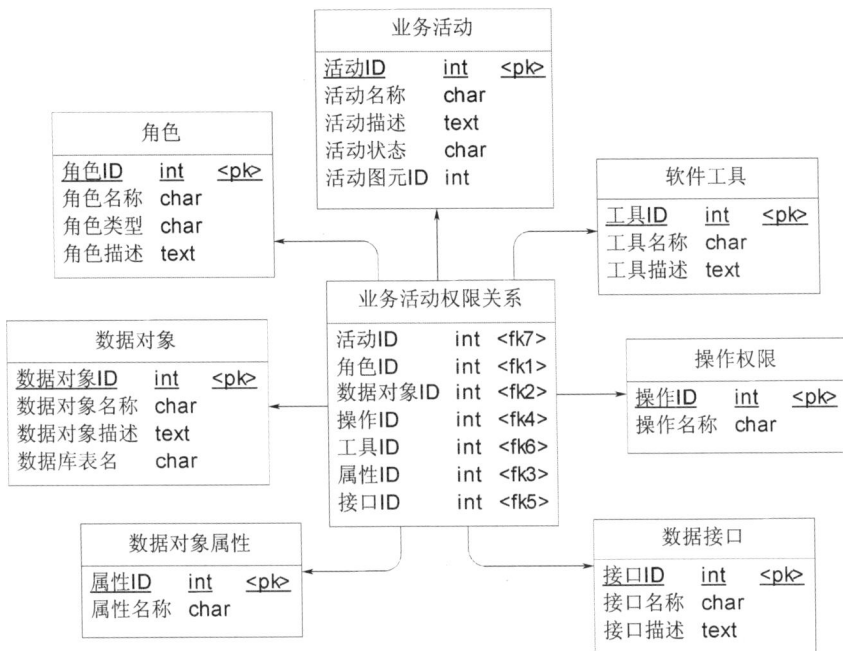

图 5 - 19   业务活动权限相关数据库及关系

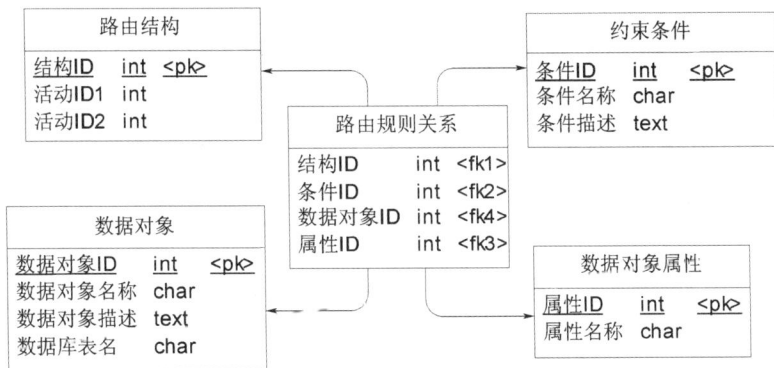

图 5 - 20   路由规则相关数据库及关系

　　基于服务的控制引擎主要对业务流程运行所涉及的服务进行管理和调度。根据系统控制引擎的结构,图 5 - 21 给出了其相关数据库,其中"控制引擎关系"反映了"业务流程""服务""消息"等数据库的多对多关系,上述数据库为基于服务的控制引擎运行提供数据支持。

143

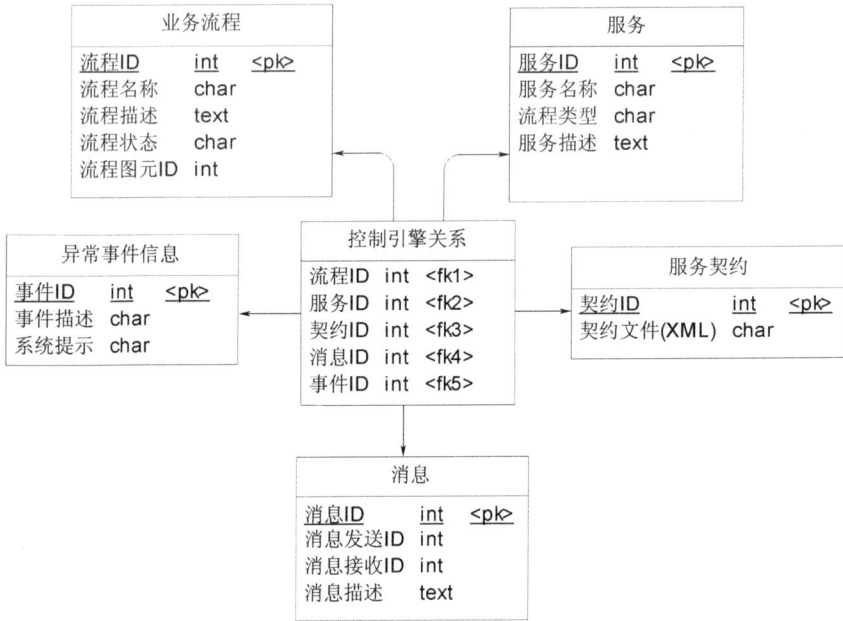

图 5 - 21　控制引擎相关数据库及关系

5.4　装备 ILSDE 系统实现与应用

5.4.1　系统实现

按照面向服务的 ILSDE 系统设计,本书采用服务描述与组件实现相结合的方式进行系统开发。图 5 - 22 为由子系统和组件构成系统实现框架,其中主程序为 MainGUI,控制工作项目管理、业务流程管理、服务管理、消息管理等子系统;业务流程运行需要启动控制引擎,业务流程、业务活动和软件工具通过服务管理可以分别映射为流程服务(FService)、组合服务(CService)和基本服务(BService),并以 XML 方式描述,三种服务通过消息处理组件发送和接收消息来进行交互,在引擎的控制下支持业务流程运行;不同类型的服务都可以通过服务组件来实现,如作为 BService 的软件工具对应图中的"任务系统建模. EXE"、"保障对象系统建模. EXE";由于技术实现相对独立,服务组件可以采用不同的编程语言来开发(如 C + + 、Java 等)。此外,在业务流程执行过程中,控制引擎

144

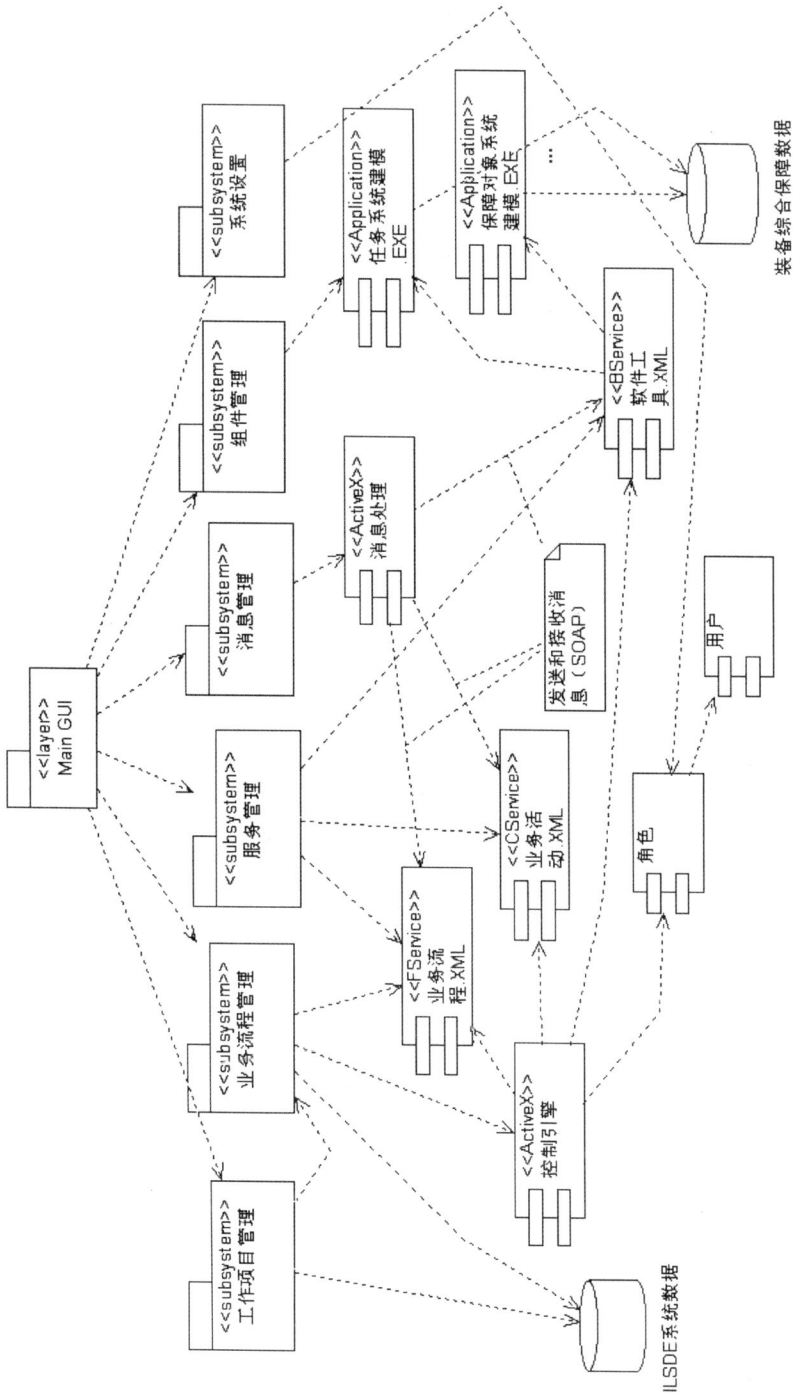

图5-22　装备使用过程ILSDE系统实现框架

还要对角色和用户进行控制,主要是通知和提示用户在不同的阶段所应采取的正确操作,同时接收用户的反馈。

服务的引入使得业务需求与技术实现能够有效分离,本系统的核心是以综合工作项目为业务框架、综合保障业务流程为驱动、服务组件为技术实现。静态方面,服务描述是关键,即将不同层次的保障业务功能转化为不同粒度的服务;动态方面,控制引擎是关键,通过控制引擎使三种服务相互作用并与不同角色的用户进行交互,在这种作用和交互中实现对综合保障数据使用和操作的有效控制,并支持装备综合保障工作的实施和完成。

如图 5 - 23 所示,ILSDE 系统采用 B/S 构架,服务端主要包括 Web 服务器、数据库服务器、ILSDE 以及系统管理员和项目管理员等,系统管理员进入 ILSDE 创建系统组织结构、创建和管理工作项目等,项目管理员进入 ILSDE 为所负责项目的业务流程设置和分配相关服务、对业务流程的运行进行管理和控制等;客户端不同角色的综合保障业务用户组成,通过运行 ILSDE 客户端程序进入系

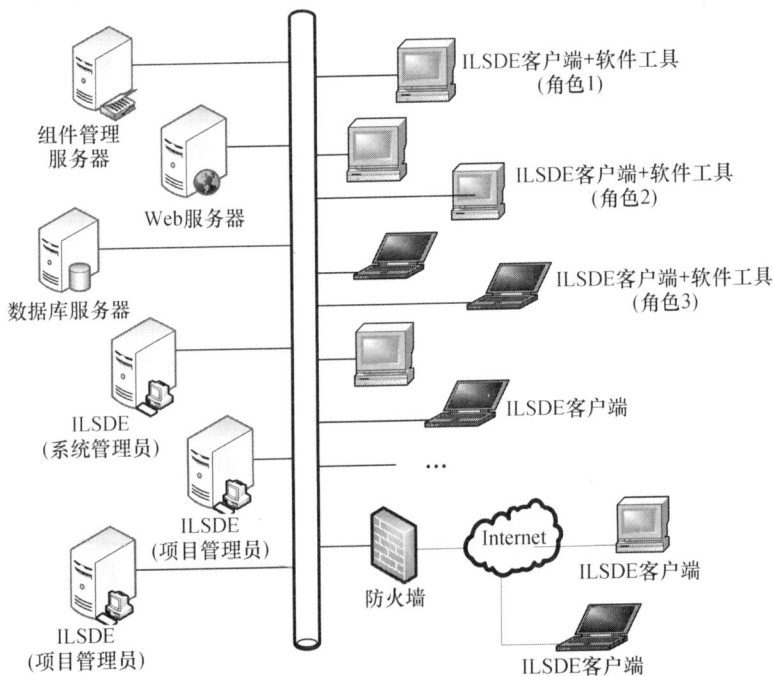

图 5 - 23 装备使用过程 ILSDE 系统运行框架

统,用户根据接收到的消息来执行不同工作项目及业务流程中的业务活动,可以按照要求操作不同的软件工具,以完成所分配的任务。对于装备使用过程的各种综合保障工作,都可以在 ILSDE 服务端由系统管理员和项目管理员创建、管理和控制,在 ILSDE 客户端由不同角色的业务用户操作和实施。此外,客户端还可以通过 Internet 进行远程访问。

5.4.2　主要功能及应用

由图 5 - 22 可知,装备使用过程 ILSDE 系统功能主要包括工作项目管理、业务流程管理、服务管理、消息管理、组件管理和系统设置。

工作项目管理主要是创建项目、选择业务流程并指定项目管理员,建立综合保障业务的基本框架;业务流程管理主要是创建业务流程,并通过选择业务活动进行流程建模;服务管理主要是进行服务的创建、注册和设置(维护),即将保障业务功能转化为不同类型的服务;消息管理包括消息的设置与处理,并在引擎的控制下接收和发送消息;组件管理包括服务组件的创建、接口描述、调用方式及参数设置等;系统设置主要是对基础数据的管理,如用户、角色、服务契约、数据接口等。

"联合作战装备综合保障分析与评价"既是面向作战任务,又是面向多层次、多军兵种的一项装备综合保障工作。以要地防空为任务背景,以联合战役、陆军和防空旅为基本层次,利用本系统建立工作项目及业务流程,进行服务描述和设置,通过控制引擎对业务流程的运行进行监控,并控制和指导用户完成工作项目中分配的任务。

5.4.2.1　工作项目管理

项目管理主要是进行工作项目的创建和维护,由"基本描述""业务流程""项目用户"和"相似项目"组成。"基本描述"是对项目的总体说明,侧重从功能角度对项目进行通用描述;"业务流程"主要是从现有的业务流程库中,为新建的工作项目选择业务流程,建立项目与业务流程之间的对应关系。结合实例,图 5 - 24 创建了"联合作战装备综合保障分析与评价"工作项目,并为联合战役、陆军和防空旅三个不同作战层次选择了业务流程,图中主要显示了防空旅这一层次的业务流程;同时,可以利用"项目用户"为新建的工作项目选择用户,以作为此项目的管理员；利用"相似项目"可以从现有的项目中为新建工作项目选择相似项目。

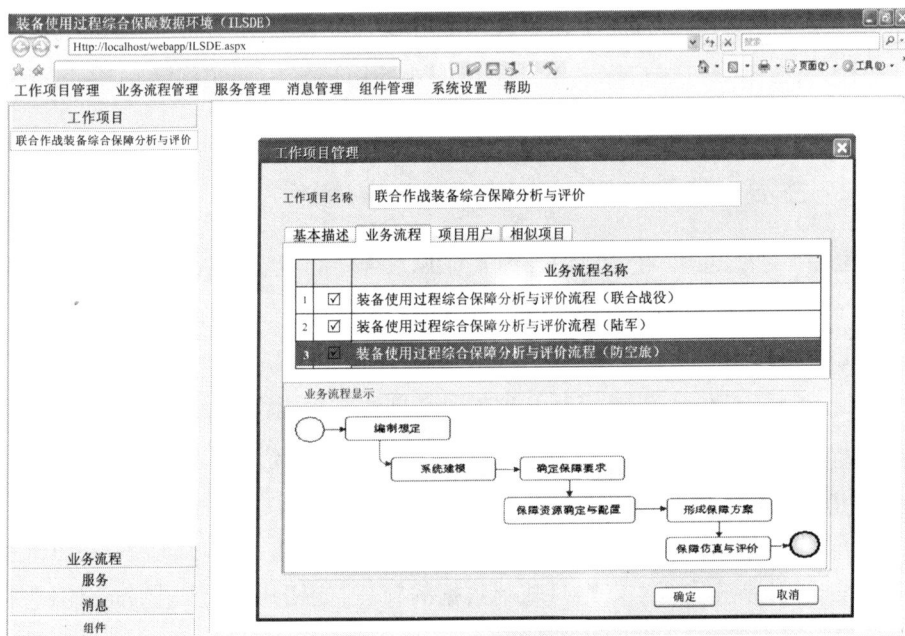

图 5 - 24　工作项目管理

5.4.2.2　服务描述与设置

服务的实现主要使用 WSDL 描述，这里将实例中的"任务系统建模（防空旅）"作为基本服务、并使用 WSDL 进行描述（文件为 FKL_MSModeling. WSDL）。

```
<definitions xmlns:http ="http://schemas.xmlsoap.org/wsdl/http/"

xmlns:soap ="http://schemas.xmlsoap.org/wsdl/soap/"

xmlns ="http://schemas.xmlsoap.org/wsdl/"

xmlns:s ="http://www.w3.org/2001/XMLSchema"

targetNamespace ="FKL_MSM"       //定义目标空间和命名空间

xmlns:tns =" FKL_MSM"

...

<types >

...
```

```
<s:element name="FKL_MSMRequestIn">          //定义输入变量的结构和类型
<s:element minOccurs="0" maxOccurs="1" name="目标任务名称" types
="s:string"/>
<s:element minOccurs="0" maxOccurs="1" name="任务开始时间" types
="s:string"/>
<s:element minOccurs="0" maxOccurs="1" name="任务结束时间" types
="s:string"/>
<s:element minOccurs="0" maxOccurs="1" name="任务执行主体" types
="s:string"/>
...
<s:element name="SwtRegResponseOut">         //定义输出变量的结构和类型
...
<s:element minOccurs="0" maxOccurs="1" name="基本任务名称" types
="s:string"/>
<s:element minOccurs="0" maxOccurs="1" name="任务开始时间" types
="s:string"/>
<s:element minOccurs="0" maxOccurs="1" name="任务结束时间" types
="s:string"/>
<s:element minOccurs="0" maxOccurs="1" name="任务执行主体" types
="s:string"/>
...
</types>
<message name="FKL_MSMRegRequest">           //定义请求消息
<part name="parameters" element="FKL_MSM: FKL_MSMRequestIn"/>
</message>
<message name="FKL_MSMRegResponse">          //定义响应消息
<part name="parameters" element="FKL_MSM: FKL_MSMRegResponseOut"/
>
</message>
<portType name="FKL_MSMRegportType">          //定义接口类型
  <operation name="FKL_MSMRequestIn">          //定义接口操作
    <documentation>任务系统建模(防空旅)</documentation>
```

```
    < input name = "FKL_MSMRequest" message = "FKL_MSM: FKL_MSRe-
quest">
< output name = "FKL_MSMRegResponse" message = "FKL_MSM: FKL_MSMRegRe-
sponse">
    < /operation >
< /portType >
< binging name = "FKL_MSMHttpBinding" Type = "FKL_MSM: FKL_MSMport-
Type"/>
// 定义绑定的传输协议
< bindings style = "document" transport = "http:// schemas.xmlsoap.
org/soap/http"/>
< operation name = "FKL_MSMRequestIn">
< soap:operation soapAction = ""/>
< input name = "FKL_MSMRequest">
< soap:body use = "literal"/>
< /input >
< output name = "FKL_MSMResponse">
< soap:body use = "literal"/>
< /output >
< /operation >
< /binding >
< service name = "FKL_MSM">
< port name = "FKL_MSMHttpBinding" binding = "FKL_MSM: FKL_MSMHttp-
Binding">
< soap:address location = "http:// .../FKL_MSM"/>
< /port >
< /service >
< /definitions >
```

　　服务管理包括服务的创建、设置和注册。服务设置主要是为不同类型服务选择角色、服务契约以及建立服务之间的关系。图 5 - 25 对服务"系统建模（防空旅）"进行设置，其中服务类型为"组合服务"，选择的角色为"任务系统建模人

员",选择基本服务为"任务系统建模(防空旅)",选择的服务契约为"任务系统
－防空旅－建模人员"。

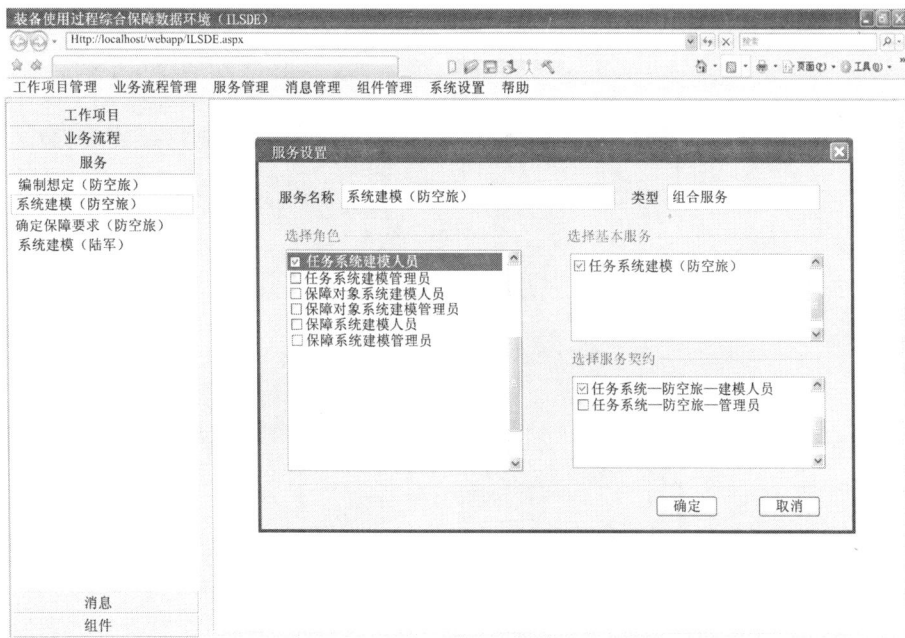

图 5 - 25　服务设置

5.4.2.3　控制引擎

根据装备使用过程 ILSDE 系统控制模型的运行过程(图 5 - 11),附录中给
出了控制引擎的实现算法。

利用控制引擎可以对业务流程运行和用户操作进行控制,包括对业务流程
运行所涉及的各类服务及用户的调度,以及对业务流程的运行进行监控,图 5 -
26 为防空旅业务流程运行监控界面,其中"编制想定"已完成,"系统建模"正处
于运行状态,它包含了三个基本服务,即"任务系统建模""保障对象系统建模"
"保障系统建模",每个基本服务由相应的建模和管理人员共同完成,图中还显
示了基本服务所使用的服务契约、以及可能出现的异常信息。当任务系统建模
人员(张××)接收到控制引擎发送的消息后,将运行任务系统建模工具,建立
防空旅的任务系统模型,建模完成后进行提交,控制引擎将接收建模完成的消

息,并向任务系统建模管理员(王××)发送消息以进行模型的审批。业务流程的整个运行过程都是由控制引擎调度和监控的。

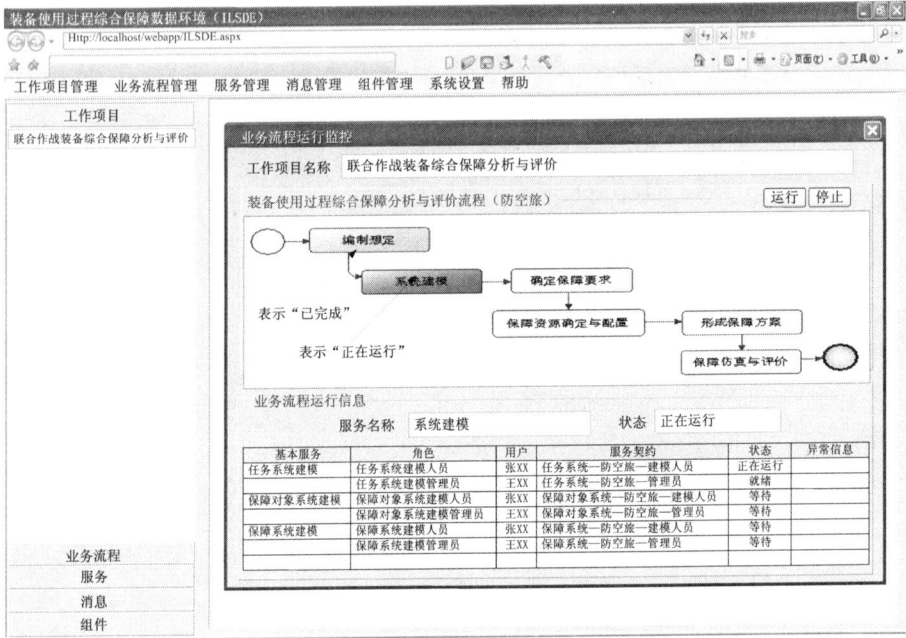

图 5-26　业务流程运行监控

5.5　本章小结

针对装备 ILSDE 的设计与实现,首先分析了业务需求与技术实现方面存在的问题(适应性和集成性);在明确服务特点、分类及主要设计环节的基础上,进行了面向服务的装备 ILSDE 设计,包括服务描述、控制引擎结构、ILSDE 系统结构及数据库;进行了面向服务的装备 ILSDE 系统实现,给出了系统实现框架和基于 B/S 的运行构架,以"联合作战装备综合保障分析与评价"为实例,主要介绍了工作项目管理、服务描述与设置、控制引擎的实现和应用。

参 考 文 献

[1] Dirk Krafzig, Karl Banke, Dirk Slama. Enterprise SOA: Service - Oriented Architecture Best Practices[M].

Prentice Hall PTR, 2004.

[2] 王坚,戴毅茹,凌卫青. 柔性业务过程管理体系与方法[M].北京：电子工业出版社,2008.

[3] Maria E. Orlowska, Sanjiva Weerawarana, Michael P. Papazoglou, Jian Yang, Service – Oriented Compu-
ting—ICSOC 2003[C]. Lecture Notes in Computer Science, ed. G. Goos, J. Hartmanis, J. van Leeuwen.
Vol. 2910. 2003 : Springer. 575.

[4] Steve Graham, Simeon Simeonov, Toufic Boubez, Doug Davis, Glen Daniels, Yuichi Nakamura, Ryo Neya-
ma. Building Web Services with Java [M]. in SAMS. 2002.

[5] 王紫瑶,南俊杰,段紫辉,等. SOA 核心技术及应用[M].北京:电子工业出版社, 2008.

[6] 托马斯·伊尔. SOA 概念、技术与设计[M].王满红,陈荣华,译.北京:机械工业出版社, 2007.

[7] Sanjiva Weerawarana, Francisco Curbera, Frank Leymann, etal. Web Services Platform Architecture:
SOAP, WSDL, WS – Policy, WS – Addressing, WS – BPEL, WS – Reliable Messaging, and More [M].
Prentice Hall PTR, 2005.

[8] 许俊,史美林,李玉顺,等. 网格计算与 e – Learning Grid—体系结构、关键技术、示范应用[M].北京:
科学出版社, 2005.

[9] 耿辉. 面向服务的业务级资源组织方法研究[D]. 中国科学院研究生院, 2004,5.

[10] 闫欢, 张宜生, 李德群. 规则引擎在制造企业 MES 中的研究与应用[J].计算机工程, 2007,33(7):
210 – 212.

[11] 张剑,孟波. 基于规则引擎的一种智能工作流系统研究[J].计算机工程与设计, 2006,27(14):
2591 – 2593.

[12] 尤俊欣,饶若楠,詹晓峰. 基于规则引擎的 Web 框架[J].计算机应用与软件, 2007,24(2):4 –
5,22.

[13] 邹正武,谭庆平,徐建军. 基于规则引擎的柔性工作流管理系统[J].微电子学与计算机, 2006,23
(增刊):127 – 129.

153

附　录

算法 1　用户身份验证(UIcheck(U_ID,R_ID))

输入参数:U_ID——所要验证的用户标识;

　　　　　R_ID——所要验证的角色标识;

输出参数:无

{UI_CHK = False　　　　　　　　　　　　　　// UI_CHK 为用户身份验证标识

For ∀u ∈Users　　　　　　　　　　　　　　// u 为用户实例

　　If u. U_ID = = U_ID

　　　　{ UI_CHK = True

　　　　　Break }

Next

If ! UI_CHK

　　{ Return(Flase,"用户(U_ID)不存在!")

　　　Exit }

Else

　　{ UI_CHK = False

For ∀ua ∈UA　　　　　　　　　　　　　// ua 为用户权限实例

　　If ua. UA_Info. Users. U_ID = = U_ID

　　　　&& ua. UA_Info. Roless. R_ID = = R_ID　　// 检查用户角色与 R_ID 是否匹配

{ UI_CHK = True

　　　Break }

Next

If UI_CHK

　　Return(True)

Else

　　Return(False,"用户(U_ID)与角色(R_ID)不匹配!") } }

（续）

算法 2　业务活动授权检查（AAcheck（Act_ID））
输入参数:Act_ID——所要检查的业务活动标识   输出参数:无

⎰ AA_CHK = False	// AA_CHK 为业务活动授权检查标识
For ∀aa ∈AA	// aa 为业务活动权限实例
If aa. AA_Info. Acts. Act_ID = = Act_ID	
⎰ For ∀r ∈aa. AA_Info. Roles	
	// aa. AA_Info. Roles 为业务活动 Act_ 　ID 的角色集,r 为角色实例
For ∀ua ∈UA	
If ua. UA_Info. Roles. R_ID = = r. R_ID	// 检查用户角色与业务活动角色是否 　匹配
⎰ AA_CHK = True	
Break ⎱	
Next	
If ! AA_CHK	
⎰ Return(AA_CHK,"没有为业务活动角色(r. R_ID)创建用户!")	
Exit ⎱	
Next	
Return(AA_CHK) ⎱	
Next	
If ! AA_CHK	
⎰ Return(AA_CHK,"业务活动(Act_ID)没有授权!")	
Exit ⎱ ⎱	

算法 3　软件工具运行检查（SWTcheck（Act_ID,R_ID,Swt_ID））
输入参数:Swt_ID——所要检查的软件工具标识; 　　　　　Act_ID——软件工具所涉及的业务活动标识; 　　　　　R_ID——操作软件工具的用户角色标识; 　　　　　输出参数:无

（续）

{SWT_CHK = False   // SWT_CHK 为软件工具运行检查标识

  For ∀aa ∈AA

  If aa. AA_Info. Acts. Act_ID = = Act_ID&&aa. AA_Info. Roles. R_ID = = R_ID

  &&aa. AA_Info. Swts. Swt_ID = = Swt_ID

    { SWT_CHK = True

      For ∀di ∈aa. AA_Info. DataInfs   // di 为数据接口实例

{ For ∀attr ∈di. ObjAttrs   // attr 为属性实例

  If attr. Attr_keyinput&&

    ValueIsNull(attrs. Attr_ID , di. DataInfs. DataObjs. DO_ID)

                        // 检查数据对象属性（关键输入）是否

                           为空

    { Return("关键输入属性(attrs. Attr_ID) 为空！")

      SWT_CHK′ = False}   // SWT_CHK′为关键输入检查标识

    Next}

  Next}

  Next

  If ！SWT_CHK

    { Return(False , "软件工具(Swt_ID) 未创建数据接口！")

      Exit}

  If ！SWT_CHK′

    { Return(False , "软件工具不能运行！")

      Exit}

  Return(Ture) }

算法 4   路由规则检查（RRcheck(Act_ID)）

输入参数：Act_ID——软件工具所涉及的业务活动标识；

输出参数：无

（续）

{// 以标识为 Act_ID 的业务活动为起点,检查相应的约束条件是否成立

RR_CHK = False　　　　　　　　　　　// RR_CHK 为路由规则检查标识

For ∀rr ∈RR　　　　　　　　　　　　// rr 为路由规则实例

　　If rr. RR_Info. RR_Acts. Act_ID1 = = Act_ID

{ RR_CHK = True

If rr. RR_Info. RR_Cons < > ∅

For ∀con ∈rr. RR_Info. RR_Cons　　　　// con 为约束条件实例

{ For ∀attr ∈con. RR_DOAttrs　　　　　// attr 为数据对象属性实例

　　　　If VauleIsNull(attr. Attr_ID , attr. Attr_Objname)

　　　　　　　　　　　　　　　　// 检查数据对象属性是否为空

Con. Con_state = False

　　　　Next

　　　　If con. Con_state

　　　　　　RR_CHK′ = True　　　　　　// RR_CHK′为约束条件检查标识

Else

　　　　　　{ Return(con. Con_ID ,"约束条件不成立")

　　　　　　　　RR_CHK′ = False}

Next} }

　　Next

If ! RR_CHK

　　{Return(False ,"没有为业务活动(Act_ID)建立路由规则")

　　Exit}

　If ! RR_CHK′

　　　{Return(False)

　　　Exit}

Return(True) }

算法5　　控制引擎(ControlEngine (Flw_ID))

输入参数:Flw_ID——业务流程标识;

输出参数:无

（续）

｛ServiceInit( )	// 服务初始化,主要是流程服务和组合服务
…	
BFlowStartup(Flw_ID,FS)	// 业务流程启动,FS 为流程服务标识
Act_ID = GetFirstActID(Flw_ID)	// 取得业务流程起始业务活动的标识
DO	// 开始进行循环,以对整个业务流程运行进行 控制
｛ ActStartup(Act_ID,CS)	// 业务活动运行,CS 为组合服务标识
｛ If AAcheck(Act_ID)	
SendMsg_U(Act_ID)｝	// 业务活动向用户发送消息
Else	
EXC_handling(AA,ERRINFO)	// 对业务活动授权检查的异常处理,标识 为 AA
…	
UserStartup(U_ID,R_ID,CS)	// 用户运行(登录),CS 为组合服务标识
If UIcheck(U_ID)	
｛ ReceiveMsg_A(R_ID)	// 用户接收来自业务活动的消息
If SWTcheck(Act_ID,R_ID,Swt_ID)	
SWTRunning(Swt_ID)	// 软件工具运行
Else	
EXC_handling(SWT,ERRINFO)｝	// 对软件工具运行检查的异常处理,标识 为 SWT
Else	
EXC_handling(U,ERRINFO)	// 对用户身份验证的异常处理,标识为 U
…	
SendMsg_A(R_ID)	// 用户向业务活动发送消息
…	
ReceiveMsg_U(Act_ID)	// 业务活动接收来自用户的消息
If RRcheck(Act_ID)	
Act_ID = GetNextActID(Flw_ID,Act_ID)	// 按照序列取得下一个业务活动的标识
Else	
｛ EXC_handling(RR,ERRINFO)	// 对路由规则检查的异常处理,标识为 RR
SendMsg_U(R_ID)｝	
While (IsFinalAct(Act_ID))｝｝	// 判断当前业务活动是否为最终节点

内 容 简 介

　　本书重点综述了数据环境的国内外应用及研究现状,以及系统体系结构、建模与控制方法等关键技术的研究现状,分析了当前数据环境应用存在的主要问题,提出了装备综合保障数据环境的基本概念,为规范装备综合保障数据的产生和使用提供了有效的管理与控制方法,为装备综合保障工作的实施提供了集成化、数字化的管理平台。

　　本书可供从事装备综合保障的工程技术和管理人员阅读,也可供高等院校装备管理、装备保障及其相关专业师生参考。